淘宝直播与电商新玩法

马　涛　王大明　编著

机　械　工　业　出　版　社

本书围绕淘宝直播平台本身带来的机遇和挑战，以及淘宝直播带给淘宝电商的冲击引发的淘宝新玩法展开。内容丰富，贴近实战，对读者有很多借鉴意义。

本书分为五篇。第一篇介绍抓住淘宝直播风口的那些先行者；第二篇至第四篇介绍的是电商内容时代到来后，由于整个的格局和玩法全都变了，不同的卖家做出的不同的反应，每一种反应都代表了一种玩法；第五篇讲不同类型电商的转型战略。本书汇集了大量真实的具有代表性的淘宝卖家实战新玩法。可以说，除了顶级的卖家，这些玩法几乎就是整个电商群体的众生相。

本书适合各类电商从业者阅读，通过阅读本书可以提升电商的运营水平，尤其是利用淘宝直播的能力。本书还适合那些希望进入电商领域的读者阅读，可以帮这些读者抓住热点，少走弯路。

图书在版编目（CIP）数据

淘宝直播与电商新玩法/马涛，王大明编著. —北京：机械工业出版社，2018.4（2019.10重印）

ISBN 978-7-111-60744-1

Ⅰ. ①淘… Ⅱ. ①马…②王… Ⅲ. ①电子商务—网络营销
Ⅳ. ①F713. 365. 2

中国版本图书馆 CIP 数据核字（2018）第 189485 号

机械工业出版社（北京市百万庄大街22号　邮政编码100037）
策划编辑：丁　诚　责任编辑：丁　诚
责任校对：秦洪喜　责任印制：孙　炜
北京京师印务有限公司印刷
2019 年 10 月第 1 版第 4 次印刷
169mm×239mm · 10. 25 印张 · 79 千字
6701—8200 册
标准书号：ISBN 978-7-111-60744-1
定价：39.00 元

凡购本书，如有缺页、倒页、脱页，由本社发行部调换
电话服务　　　　　　　　　网络服务
服务咨询热线：010-88361066　机 工 官 网：www.cmpbook.com
读者购书热线：010-68326294　机 工 官 博：weibo.com/cmp1952
　　　　　　　010-88379203　金 书 网：www.golden-book.com
封面无防伪标均为盗版　　　教育服务网：www.cmpedu.com

序言
PREFACE

　　人们分享他们的经历，分享他们一路走来的心路历程，很容易引起共鸣，也很容易让听众获得启发——因为，分享者是自己身边的人，跟自己的经历最接近、最相似。

　　以往的图书大多是个人专著，作者一个人讲，所有读者看。而社群时代到来后，这种形式慢慢地改变了，社群里那种大家喜闻乐见又接地气的分享知识的方式，除了使群成员受益外，也可以结集出版，让更多人受益。很明显，这个私密空间里说的大多是真话、实话、有用的话，少了很多套话和废话。这难道不正是读者所需要的吗？

　　百花齐放，百家争鸣，是社群化内容的最大特点。一个作者通常只能表达一种观点，而电商的一个店铺，则可能有几十种玩法，至于哪一种适合具体的某一个读者，不同的分享者提供了各自不同的观点，由读者自己选择。

要强调的是，每个分享者都代表了一段电商发展史中的故事，而他们都是平凡的创业者，甚至很多是为了生计才走上电商之路的。他们分享的都是真实的案例，表述的时候可能会随意一些，因为"他们"就是我们身边的人，甚至就是读者自己。

最后再强调一下我的立场和态度，我是坚决反对刷单的。为什么？因为这与我的价值观不合。我主张货真价实，在我的第一本书《淘营销》里就是这样写的，那就是我的思想。后来市场上刷单的人越来越多，不刷的人反倒成了少数，甚至成了异类。道不同，不相为谋，既然开个网店会违反我做人的原则，那我干脆放弃。刚好微商兴起了，所以2014～2015年，我开始转向微商的研究，其中一个重要的原因就是因为电商刷单与我的价值观不合。

刷单就是在进行数据造假，其本质就是造假，干久了人性会变的。很多人认为这仅仅是技术问题，是做生意赚钱的一种手段，不用上纲上线，但事实没那么简单。造假久了，最大的危害是什么？就是不再相信数字，不再相信这个世界的美好，用怀疑眼光看待一切，甚至连真正交心的朋友都没有了。

为什么会这样？因为数字造假久了，就会形成思维定式，那就是一切数字都是可以刷出来的，都是假的。说白了就是习惯造假的人看待一切都是假的，性格也会变得多疑，生活中也少了真实和美好。很多时候总是在内心做斗争，因为必须要消费要购物，对别的卖家又怀疑，但是又不得不买，把原有的消费乐趣都变没了。其实人性变了，还会影响到生活的方方面面，其危害远比我写的这些要深远。

古人云："人为善，福虽未至，但祸已远离；人为恶，祸虽未至，但福已远离。"对待与自己价值观不同的做法，要防微杜渐，不能对自己放松警惕和要求。一个正念的养成是需要很久的，但是在利益驱使下养成一个恶习，却不费吹灰之力。久而久之，自己都浑然不觉，反倒会以为大家都这样，自己只是跟随潮流而已，来糊弄自己，违背自己做人的原则。

刷单是一个回避不了的话题，所以本书站在以上的立场和态度下，坚持把几年以前的一些卖家朋友的真实经历拿出来分享，希望给有类似经历的朋友以及后来者提供教训和借鉴。从大家的经历中我们可以看到，政府和平台都已经加大力度整改了，一方面刷单效果越来越差，另一方面成本也越来越高。这个成本既包括金钱成本，也包括处罚成本，平台方面的处罚就是降权、删除、扣分和封店，法律风险就是违法犯罪。不是儿戏，没有侥幸。

做生意要走阳关大道才能长久，现在淘宝正处于转型的第二次风口期，以淘宝直播为代表的内容玩法，取代了过去包括刷单在内的技术玩法，让很多卖家又看到了希望，通过精密的设计和包装，一个人就可以实现过去一个团队工作的效果。于是，大家纷纷把关掉的店又重新开通，或者又开了新店，其中就包括我。我又重新回归电商了，因为可以不用刷单就能把店开好，把生意做起来，关键是能够赚那些可以让自己睡得着觉的钱。

公平的竞争环境，是对良心卖家最大的鼓励。抵制不正当竞争，人人有责。

感谢逍遥、王大明、梦婷、安琪儿、陈舒刚、栾海宏、蔡佳宏、范戈、小山、马军、柳建、志君、橙云、宫正坤、小蔡、郑泽龙、王元福、杨业义、洪小松等的精彩分享。

马　涛

目录
CONTENTS

第一篇

抢占淘宝直播风口的5类典型代表

春江水暖鸭先知。一个风口来了，总有先知先觉的人冲在最前面。目前，抢先进入淘宝直播的有 5 类典型代表，他们分别是：错过了淘宝电商机遇的；从其他娱乐直播平台转战淘宝直播的；服装模特转型淘宝直播的；手里拥有大批忠实客户的淘宝卖家；为其他进入淘宝直播提供服务的。显然，围绕淘宝直播一个新的商业生态圈已经形成。

本篇的 5 章分别介绍这 5 类抢占淘宝直播风口的代表，每一类代表的做法和思路都值得我们借鉴与思考。

第1章

如何抓住淘宝直播的风口

1.1 梳理网络发展历史，直播现象有其必然性

有句话说得好，"只要站在风口，猪也能飞起来"，但关键是要站在风口，而不是站在风口之后。微电商领域的发展可以分为三个时代：第一个是电商时代，第二是微商时代，第三是网红时代。

电商时代诞生了很多品牌商家，例如三只松鼠。他们

只是一个基础性电商，"我做电商，我卖我自己的货，推我自己的品牌！"他们的单品很好、很厉害，而且抓住了风口，敢打、敢推，加上策划、包装等都落实到位，最终他们成功了。

无论是品牌的形成还是个人或企业的盈利，一定是跟时代有关的。并不是我们创造了时代，而是我们跟着时代走，时代走到哪里，我们都要跟到哪里，那么个人或者企业就能盈利、赚钱。在电商时代，自己卖好商品，自己做好事情，自己打造好品牌，钱就赚到了，企业就盈利了。

微商时代是怎么产生的呢？在电商时代，诞生了很多有实力、有前景的平台化电商，例如网仓，给所有的电商供货，这就是网仓供货平台；再如电商产业的孵化培训，帮助电商实现梦想，这也是一个平台化的产品。

后来这些平台就慢慢地发展成微商。大家都知道，现在还有很多人在做微商。最初的微商是靠"一款产品走天下"，即使只有一款产品，但只要模式设计得好，就能畅销。就这样诞生了很多知名微商品牌，如 TST、花红，它们就是把单品做到极致。但是，后来他们慢慢发现自己开始失去竞争力，这时候大家就会"抱团取暖"，其实这就是一个平台化微商的转型。多个企业抱在一起，共同做一个平台，然后在平台里孵化各企业的产品。从理论上讲，这些企业的流量都是不同的，所以平台化微商也曾诞生好的平台，例如云集导，它没有自己的主营商品，但是它就相当于进口商品的一个搬运工，把所有的东西都搬到这里面来。

网红时代诞生了很多知名网红，"我就做网红，我就卖单品，我认为我能成功"。张某奕就是这样成功的，她站在风口，她得到了第一个资源，第一个亮点，淘宝每天有八亿浏览量，在这么大浏览量的环境里，她肯定能变成红人。

以后的发展路线肯定是平台化网红，平台化网红是一个整体的形式，在这里要重点详解。平台化网红是什么呢？现在很多人都想当网红，但问题是如何去当网红，他（她）没有会员，所以就需要这种平台化的对接，在平台上获得所需要的知识，例如她不会化妆，那她就得学化妆。这个时代，只要围绕网红的一个关键点去做事情，一定会成功。如果是资质好的，可以去淘金，如果感觉自己对网红很陌生，也可以做一些网红的相关周边项目，网红缺什么，你就提供什么，这些都是可以赚到钱的。

1.2 围绕网红需求诞生的四大业务

第一，淘宝直播开通业务。淘宝直播开通就是给所有有梦想的人一张船票，没有这张船票的话，就登不上这条船；

第二，网红的培训业务。如果没有经过正规化的培训，是很难打造成功个人 IP 的，也很难形成意见领袖的思维。培训有各种各样的方式，可以企业自主培训，也可以多个企业组织起来共同培训。有一些本身就在做经纪公司的企业，或者专业的"美业（美容美发化妆品等行业）"公司，有很多运作网红的方案，或对化妆特别了解，或对形体特别了解，都可以参与到这个培训中来。从培训这个角度讲，需要的资源其实是很多的。

第三，网红的孵化业务。你把网红找来，可能并不能马上带来经济效益，你还需要通过各种定位，各种培训，各种投资，使他（她）成为与企业、产品匹配度非常高的人，再去为企业带来可观的经济效益。

在孵化过程中，需要投入一定资金才能培养出一个网红，而这个网红在日后能一直创造利润。

第四，经纪公司业务。网红经纪公司相当于一个平台，帮网红对接企业，帮企业对接网红。当企业找不到能够匹配它的商品的网红时，可以通过经纪公司挑选最合适的网红。此外，如"山下湖，网红珍珠挑战"这样用网红来改变一个小镇格局和生态状况的案例，也是经纪公司业务的一部分。

1.3　企业与网红合作的重点是产品和网红相互匹配

现在有很多企业找网红做直播，宣传产品，但往往转化率非常低。这是为什么呢？因为那只是形式上进行直播，而不是真正意义上的有效直播，这是问题的根源所在。很多企业也曾做微商，但是大多不能成为微商品牌。这是为什么呢？因为找错了点，或者说找错了模式。

今天，如果企业需要找网红的话，必须考虑两点：第一，网红是否适合企业；第二，企业的文案和穿透力是否能把产品介绍得比较充分，然后再考虑所谓的粉丝率。

如果一个网红是在某个专业领域比较强的人，哪怕他（她）只有 100 个粉丝，他（她）甚至能卖 80 件商品。例如，电子竞技行业中的一些职业女选手，她们游戏打得好，人气很高，但如果要这些电竞选手为不相干的企业推销商品，则往往非常低效，她们唯一能做好的领域就是电竞周边产品，如"电竞女王的鼠标""电竞女神的键盘"等，就能卖得很好。

所以企业在选择网红时，一定要严格把关，首先考虑的就是这个网红适合不适合企业和产品，或者企业和产品适合不适合用这个网红，只要这一点清晰明确，那么下一步就简单了。

还有最关键的一点是：每个企业都应该打造一个专属的直播间。例如一家做美妆的企业，其主要商品是口红，那么就要以口红为重点进行全网推广，其实网红是品牌的一个 IP，只有定位清晰了，直播间才可以运行。网红的个人特色一定要与产品有非常高的关联度。以口红为例，如果选用的网红是口红达人或者她的 IP 设定特别精准，她在这一个小众领域里面特别优秀，那么她就可以较好地推广相关类型的商品。

另一个重点是：企业是否有专属于网红本身的产品。

广东有个企业老板很聪明，他做了一批纯玉质地的手表，在他认识的网红里，只要谁喜欢这块表，他就把这块表送给谁，唯一条件就是网红直播的时候要戴着这款表，当观众或者其他人看到、问到时，说明这款表是谁送的就行了。这种方式就是通过直播的形式，塑造网红的形象，让观众对网红留下印象，所以配备网红专属的产品也是非常重要的。

1.4 淘宝主播需要培养粉丝并且积攒谈资才能可持续发展

网红如何赚钱？其实我们现在看到的网红一般就是通过做直播赚差价。我感觉这些网红日后是注定要被淘汰的。网红一定要在最火爆的时候把粉丝养起来。养粉丝之后有什么用？比如说店铺直播间，已经有二三十万粉丝了，这时候除了能挣商品差价之外，还能挣到每个小时的直播价，你把身价提高了，那么直播价就更高了，你就能赚更多的钱了。

网红其实是尚未出名的潜力明星，要出名需要完成几点转换。第一点，你的身份是什么？是不是大学校花？是不是小有名气的模特？所以一些公益活动，网红都要参与，并争取拿到奖项，这将会成为日后的筹码。一些小的视频必须常拍，要多加练习，因为从你开始成为网红的那天起，就要知道你是要靠你的形象和语言吃饭的。当这几点做到非常优秀之后，结果就很可能成为明星，所以从第一天开始就要培养自己的人脉、资源、力量，为了梦想而努力。

假如你已经从网红变成了一个小明星，演过某部电影或电视剧，那么你的身价就不一样了，你在跟企业接触的时候就有资本了，就可能拿下更满意的合约。

在今天的这个市场环境下，可以做的事情是非常多的，在这么多的事情里面只想跟大家讲一句，就是闻道有先后，术业有专攻。本人当年只是一个卖袜子的，我从那个时候的定位就是"我卖袜子要卖到中国第一"，这就是我心中的信念。如果你作网红，你心中的信念就是作中国第一网红；如果你做企业，你心中的信念就是中国第一企业。并不是要你必须做到"第一"，而是将此作为前进的动力，因为电商的淘汰率特别高，最后可能只能成就极少数个体，大多数个体可能都没有出头之日，所以说每天都要努力，为第一而努力。

1.5　做网红的前提：定位独特的 IP 和好文案

从另一个角度谈一谈网红如何才能火。首先是意见领袖，也就是个人 IP。首先，你的直播名非常重要，直播名应该让人听了之后，马上就想点开。网红如果能打造成功的话，是包含着二三百个细节的。每个美女从这里走过去，从那里走过来，可能你对她不会有什么太多的印象感，你大概知道她是美女，但是你记不住特征，这是为什么？因为她塑造的个人形象不突出。所以，首先要确定自己直播间的名字如何打造，直播间的名字打造好了，就相当于树立了个人 IP 的特征，这个特征定位精准，就可以通过这个点，以发散的形式，完成之后的细节。

所有的网红都要有一个好的文案，因为必须有很多经典的话流传开来，大家才能记住你。一般来说，网红直播第一句话是说直播间的名字，第二句就要用一句简短的话来自我介绍，比如我经常说的，"爱情跟袜子一样，少了任何一只都将变得不再温暖"，当我说出这句话，大家都会知道这是王大明说的。你每次直播的时候，或者跟别人聊天的时候，把你的专属用语带上，就能更容易让人记住。所以，你要有好的文案，要有情感的文案，要通过各方面包装自己。

拿卖袜子来说，袜子背后有一段故事，生长在东北农村的 17 岁男孩，上大学后认识了一个女孩，一番爱恨情仇后，男孩失去了女孩的音讯，只能通过一双袜子来找这个女孩，大家谁来买我这双袜子，帮我找找那个叫陈婷的女孩。

在这里面出现了很多经典的话，比如说"阳光温热，岁月静好，你还未来，我怎敢老"，还有"因为长久的思念，因为逝去的容颜，所以寻找纯情 20 年"，这些是容易印在别人脑袋里面的东西，好像我卖的不是袜子，而是一种情感的寄托。

1.6 网红要火必做的第三件事

除了名字和经典话语的打造，第三件必做的事就是一定要有几段很经典的小视频。

其实这三点也可以用一句话来总结，就是你的名字要有故事，你的故事最好能通过几句经典的话来塑造，然后要把这些故事用小视频的形式呈现出来。

塑造故事时把握好尺寸是很重要的，过犹不及！如果能塑造好故事，以后也就比较轻松了。比如说你跟某位老板认识了，你可以直接发段视频给他看，那这段视频可以短到只有9秒，也可以长到30秒，但最好不要超过1分钟，因为很少会有人能看完它，视频应该短而精！

想当网红就要想办法得到更多的粉丝，从哪里开始？从练习拍摄最简单的9秒小视频开始。想发更长的视频是不太现实的，就从九秒小视频开始。如果你现在不会做的话，你可以依托于事件。其实有很多人，不是因为能独立输出IP的个人价值，或者说并不是真正的意见领袖，但是也会被很多人认同，因为他擅于评价别人。因此你可以先从9秒小视频开始，慢慢地发展，内容可以以评价为主，也可以以模仿为主，比如说你长得像某明星，就可以发个对比图，也可以得到关注，或者对某些人某些事进行评价。只要你的见解足够独特、足够新鲜，就能得到别人的认同，而这就是成功的开始。

1.7 企业如何利用网红走向成功

初代网红靠颜值，二代网红靠口才，三代网红靠内容。网红如何才能被更多人认同，光靠"颜值"是不够的，内容型的网红才更容易让人接受。当然内容也分高低，你的内容必须有价值，有主题，主题深刻才能吸引更多的粉丝。当前是内容时代，因此网红应该找准事件、找准方向，然后找好自己的运营方式，努力地丰富自身的内容。

企业若想利用网红来赢利，就要想想如何找到适合自己企业发展的人：第一点，要明确什么样的网红适合自己的企业，就是找对人；第二点，要与靠谱的经纪公司合作，先做几场试验，观察网红是否合适，第三点就是，将自己的网红打造成为最适合企业的人。当你通过前两点发现了合适的人，了解了他/她的特点和优势，就可以把他/她送去经纪公司实习，让他/她在实习的过程中学习更多的技能，这样就解决了过度依赖经纪公司的问题。

其实直播营销并不需要我们去凭空创造出来一套体系，而是需要我们把资源、链接、方式弄好，进行资源整合，能力匹配，公司间协调。只有做好这些，才有可能成功。

时代机遇就在这里，站在时代的风口上就能赚到钱。你的梦想有多大，格局就有多大，做企业一定要有方向，像我的企业叫双星文化有限公司，企业的定位很简单，就是以客户的利益为根本，我所考虑的一切，不是为盈利而考虑，而是将合作伙伴的利益、用户的利益以及大众的利益作为出发点。每个企业都想着去吸引人才，我的企业也想吸引人才，但是我的企业文化是给平凡人机会，给创业者梦想。其实企业定位就可以反映该企业老板的格局有多大，心胸有多宽广。在这个基础上再引入合伙人制度。你可以项目立案，也可以分公司立案，你可以以各种的方式，以合伙人的模式去做，只要保证两点就可以了：第一点，敢分钱；第二点，钱要分得清楚明白。

本章内容来自日千单电商俱乐部分享交流群之王大明的分享。

第2章

错失了淘宝第一波机遇，直接切入第二波直播风口

2.1 新人如何迎接直播风口

以前，淘宝店展示产品一般是以图片和文字介绍为主，消费者的直观感受不够深入，因为只通过图片与文字，对商品的了解较浅，更何况有些图片可能是经过处理的。在视频直播兴起之后，一种类似于"电视购物"的销售模式随之而来，利用场景化销售，提升了消费者

的体验感和黏度，可以说，网络直播就是淘宝电商的第二波风口。

我曾从事珠宝行业，拿珠宝行业来说，过去无论是网络推广还是网络销售，都存在很多的弊端。因为只靠图片和文字，是无法把商品的价值完全展现出来的，所以客户得不到足够的商品信息，自然对商品信心不足。

通过直播，客户可以很清晰地观察整个产品，直播的影像和解说能直观地给予客户更多的产品信息，而客户对产品存在的疑问和顾虑，也可以通过直播互动得到很好的解答。通过直播，客户对产品的了解度和信心，比起非直播的图片和文字介绍，提升了好几个等级。因此在销售转化率方面，直播模式是其他旧模式无法比拟的。

2.2 直播 15 天后日交易额达 2 万元

对于一个新人，直播可能会遇到很多问题。第一个问题就是粉丝数量。第一天可能只有两三个人在看，但还是要坚持；第二天会多几个人，第三天再多几个人，第四天，第五天……只要坚持，每天的粉丝量会有或多或少的增长，粉丝才会慢慢积累下来。这种销售模式给消费者的感觉也比较好，完全给了他们想要的东西，渐渐就会产生成交。成交是对我们的激励，记得我们做直播第一天只有几个粉丝，没有任何成交，第二天也是一样，第三天才有了进展，销售了五六件产品，其中有一件是一千八百元的挂件，还有一件是四千多元的手镯。依靠这样一种简单的方式，我们用了三天时间就已经开始有了销售额，这对培养的主播是很大的鼓舞，也是对卖家公司或企业的定心丸。十多天之后，我们的平均粉丝量已经达到七八千，每天的交易额也达到 1 万~1.5 万元左右，十五天的时候交易额达到了 2 万元左右，粉丝量也能达到 17000，而且不断上升，每天的粉丝增长量基本上在 1000 左右。

相信通过努力和付出，一定会得到回报的。只要坚持做，粉丝也会不断地增长，渐渐地也会有成交，而且成交量会越来越大。我们认为这个模式是可行的，没有太深奥的东西。

我现在有三个号在运营翡翠产品，还在打造读书产业，另一方面，我们还在打造中国最大的珍珠养殖产业链基地山下湖，打造珍珠小镇整个产业链。我们做的是开放式的直播，主要以代购和买手模式为主，在山下湖珍珠产业这个项目上，我们打造了五个号、五个主播，所有珍珠市场里面的公司和工厂，都可以把他们的货拿来让我们帮他们卖，我们会收取一定的佣金和代购费。

2.3 深刻理解用户通过直播购物的真正需求

当你的直播间成功建立起来以后，就要努力去理解那些进入直播间的客户和粉丝的最大需求是什么。打个比方，假如你要买点日用品，你是喜欢到一家小店去呢，还是喜欢到一家超市去呢？恐怕你会毫不犹豫选择超市，因为超市是一站式的，有各式各样的商品，可以满足你的需求。我们做直播也是这个道理，客户进入直播间，你就要充分满足他想要的所有品类、品种、款式，而且商品的品质、价格也要有优势。

网络时代拉近了工厂和消费者的距离，商品只要有足够多的品类，而且品质好，价格有优势，那么粉丝就会源源不断地加入，而且新增的粉丝也会与产品产生很强的黏度，因为你给予的正是他想要的。

直播做久了，你就会发现，这类粉丝进入直播间就像进入常去的酒吧，他对这个直播间和主播的喜欢，都有很强的黏度。当闲来无事的时候，他就会到直播间逛逛、聊聊，结交来自全国各地的朋友，还会互相交流，如这个产品怎么样，那个产品如何，主播今天讲得怎么样，有没有新产品出来等。

2.4　全国各地的微商和经销商也看直播

很多人都以为，直播间是面向终端消费者的一个窗口，这是片面的，实际上进入直播间的人群里，不仅仅有终端消费者，还有一部分人是本产业的微商和全国各地的经销商。

微商进货时，原先可能需要通过多个环节才能拿到货，现在有了直播之后，微商可以直接进入直播间里看货，直播的商品品类足够多，价格足够优惠，客户需求能够得到满足，等等，企业可以第一时间派发。

还有一些经销商也会来直播间里采购。他们往往要在有限的时间里，找到市场上最佳的进货渠道，但这是很难做到的。而直播可以在某种程度上解决这些问题。商家可以每天进直播间看货，看自己想找的，客户想要的，主播可以帮他找。这解决了商家几个方面的问题：一是节省了现场看货的出行成本；二是可以通过直播间了解这个行业、这个市场的价格动态，也得到了这个行业每天所出新品的信息。总之，可以将直播理解为未来的工厂和所有终端消费者的连接。

2.5　直播满足了痛点需求且创造了价值

无论是微商还是各个城市的实体店老板，直播都可以解决他们的痛点问题。不管是进直播买货，还是开直播卖货，直播都会让更多的人参与进来，可以说直播是这几年的风口，这是无可厚非的。

我认为不论一个草根创业团队，还是一家规模企业，都需要转型。我们常说，"没有卖不出去的产品，只有不会卖产品的人"，互联网时代就看你如何卖，是用图片来卖，是用视频来卖，还是用直播的场景化的方式来卖。

本章内容来自日千单电商俱乐部分享交流群之陈舒刚的分享。

第3章

对娱乐平台网红转战
淘宝直播的忠告

3.1 良好的互动可以弥补颜值和其他不足

我是梦婷，与大家分享一些关于淘宝直播的心得。

我是从 2016 年开始研究直播的，那时候没有淘宝直播，那年 6 月份我研究了斗鱼、来疯、花椒等直播平台，还跑到成都去学习了一下如何做直播。经过研究我发现其实不管是什么类型的直播平台，直播并不是全靠拼"颜值"

的，也就是说不管你长得好看不好看都有可能把直播做好。有人说做直播必须要颜值高，其实很多容貌一般的主播直播的效果都特别好。我总结了一下原因，就是因为他们擅于互动。因为观众都是利用碎片时间看直播的，所以主播要学会与大家互动，不管是卖东西还是普通的直播，这是非常关键的。如果就一个人在那讲，不与大家互动，也不设置一些小活动的话，其实很无聊。因为开始做直播的时候，不可能有那么多人来看，所以自身的带入感要强一点，让大家能够感受到你的热情，慢慢地就会有忠实的粉丝留下来，固定看你的直播。所以我建议大家在前期可以去多看一些长得不怎么出众的人，学习他们是怎么直播的。

3.2 选好直播时段可以减少竞争压力

刚开始做直播时，我建议不要将直播安排在热门时间段。晚上 8 点到 10 点是热门时间段，千万不要集中在这一段时间直播，而应选择晚上 11 点之后到凌晨这段时间或者早上开始播。午休时间 12 点到下午 2 点钟人会比较多一点，那为什么要集中在早上与凌晨两个时间段？这是因为这两个时间段竞争不太激烈，上热门的可能性就比较大，如果能上热门，对主播的信心是一个很大的提升。

其实做淘宝直播并有没有什么秘诀，不管是工会推首页的机会还是你自己去做直播，坚持都是特别重要的，凌驾于其他方面之上。我认为刚开始不要去想那些大的流量，只要好好地坚持下来，每天能够播到六七个小时以上那就是成功。技巧永远都是锦上添花的，培训班老师会给你讲很多技巧，但师傅领进门，修行靠个人，如果说自己不坚持，或每天只播两三个小时，我想告诉你这是不可能成功的，就算老师告诉你再多的技巧，告诉你再多的方法，你还是得去磨炼自己，打磨自己，沉淀经验，这个过程是必不可少的。你选择这个行业的时候，就要明白，我愿意投入多少时间去做这件事情。所以，最重要的就是坚持。

3.3 选产品不要一味地追求低价

关于一开始应找什么样的商品来播这个问题，我认为初期可以打一些价格战，但实际上如果真的是九块九包邮的话，会有一些用户认为这个商品太便宜，不敢买。

我认为选择化妆品或者其他一些刚需的日用品，例如夏天需求量比较大的防晒霜，以及打底裤、丝袜等比较合适。通过销售这些商品可以给自己积累一些粉丝，因为这些商品比较便宜，比较实用，需求量大，所以销量也会好一些，但是不要执着于打价格战。

3.4 对话：自带粉丝的主播如何在淘宝直播上发挥优势

马涛老师：你能讲一下你的基本情况吗？比如粉丝数量？还有现在直播的业绩？

梦婷：我做直播是从 2016 年六七月份开始的，正式在淘宝平台直播是在 2017 年 4 月份，其实我的粉丝大部分都是从淘宝平台外引来的，一开始淘宝也不会给我太多流量，如果说出单的话，我是自己卖东西的，播一次大概可以出 50 ~ 60 单。

马涛老师：你有找商家对接吗？还是卖自己的产品？

梦婷：暂时没有找商家去对接，因为自己是做女装的，所以时间和精力都不够，在淘宝上直播的时长也不是太够。

马涛老师：你多次强调了要和粉丝互动，你会给粉丝发红包或者送礼物吗？

梦婷：当然会了，我会不定时地发一些小红包，组织一些小活动。例如我采购到了一批特价商品，质量比较好，我就会定一个时间，推出特价商品，让大家来抢。还有，不管多便宜的商品，作为主播，最关键的就是要自己去体验并审核这个产品，而不是哪个产品回扣高就去卖哪个产品。我认为在充分了解产品的基础上去赚钱，那会有两份回报：一份是钱的回报；一份是粉丝对你的信任，慢慢积累之后，他们的信任感就会越来越强。

马涛老师：你从淘宝平台外带来了多少粉丝？对刚开始起步的作用有多大？

梦婷：能每场观看人数在 1000 + 以上，主要作用就是可以让你得到一些鼓励。

马涛老师：之所以有这个问题，是因为淘宝直播平台本身就有很大的流量，我们应主要借助淘宝平台的流量呢，还是依靠自己已有的粉丝呢？

梦婷：我认为不管借助淘宝本身的流量还是说去淘宝平台外引流量过来都可行。如果有这个能力，双管齐下当然会更好。我们要的结果就是促进成交，最重要的数据是转换率，如果一开始连看你的人都没有，那就无法去谈成交和转化率。另外，淘宝本身有浮现权，开始直播的第一周，淘宝不会给你浮现权，只有当淘宝认为你是一个活跃用户后，才会给你浮现权。

本章内容来自日千单电商俱乐部分享交流群之梦婷的分享。

第4章

职业模特转战淘宝直播

4.1　首次直播可以准备文案

我是安琪儿，我曾做过六年服装模特，分享一点我的心得。

一直想开淘宝店，卖自己的产品，终于在 2017 年摸索着开起了淘宝店。我一点也不懂运营方面的知识，偶然间朋友介绍了王大明老师给我认识，他开始教我如何开通淘宝直播，开通之后，又教我怎么直播，怎么在直播中说话，如何与粉丝交流。慢慢地淘宝直播做起来了，店铺销量也开始慢慢多起来了，现在我也比较会与粉丝沟通了，每次去直播间都会有一批老粉丝在等我。我的店铺现在销量已经非常不错，算是比较稳定。

在直播之前，最好可以先准备好文案，一定要把产品的文案做好，这样在直播的时候就不会慌乱，尤其是第一次直播的时候，很可能会比较紧张，这个时候就算忘词了也可以看文案。

4.2　不能粗暴地推销产品

直播的时候，千万不能粗暴地推销自己的产品，这样很容易让观众产生反感，要学会用策略推销。先给观众带来一些好处，这个好处不一定是红包，也可以是别的好处，例如很多人在衣服搭配方面是不擅长的，这个时候，你可以先介绍这件衣服要搭配什么样的裙子，何种颜色搭配起来会更好一些，比如说粉色和灰色搭配起来其实就很漂亮，这样的话粉丝的接受度就会更高。

再比如护肤品，如果你的观众里有不懂化妆和护肤的人，可能就会对这个话题很感兴趣，你就可以适当地讲一些相关的知识来教粉丝如何护肤，如何美妆，其实这样做的话，还会吸引商家寄一些自己的产品过来试用，好的产品就可以分享给粉丝，而自己也可以从中获益！

4.3　建议安排三个人一起直播

如果条件允许，建议在直播的时候安排三个人一起直播，有一个男生或者比较会开玩笑的女生，这个人专门负责活跃气氛，另外一个是模特，负责展现衣服，解说衣服的好处和搭配；最后一个是助理，负责收拾东西以及一些细节上面的配合。三个人一起直播的时间会变长，直播的效率也会提高，当然这三个人的配合默契程度是相当重要的。

其实刚开始的时候我也是不太懂，只是觉得好玩，慢慢积累的经验多了，就知道怎么去宣传产品，怎么和观众互动了。第一天直播三个小时，第二天六个小时，逐渐也能带动粉丝的热情了，粉丝也更愿意看我们的直播了。

4.4　对话：如何收商家的费用以及对商家有什么要求？

马涛老师：你做淘宝直播多久了？直播到第几天的时候做成第一单的？现在每天的销量怎么样？

安琪儿：真正开始直播的时间应该是就在这一个月，现在每次直播的时候各种产品一共能做成 100 单左右。

马涛老师：做了六年的服装模特，对你做直播有没有什么影响？

安琪儿：模特经历当然和每天直播的内容关系非常大了，因为做过模特，对服装的搭配，服装的品质已经有非常深的理解，所以做服装讲解的时候，会更加深入一点，这样就能有更多知识分享给粉丝。

马涛老师：你现在在直播里卖的产品是自己店铺里的，还是接其他商家的？

安琪儿：有自己的，也有其他商家的，好的产品还是可以分享一下的。

马涛老师：自己有产品，店铺得运营，还要直播，你的精力是怎么分配的？有团队配合你吗？

安琪儿：我是这样安排的，我自己店里的产品，只有拍照的时间会耽误我直播，一个月拍照两次，一次两天，也就是说一个月有四天到五天的时间，我是不能直播的。后来我就安排别人在这四五天里面替我直播，另外我请了两个人负责打包、发货和客服工作，组成自己的小团队，运营方面的话我自己现在正在学习，很多朋友是做运营店铺的，我也请教他们。

马涛老师：你现在每天出 100 单，总金额大概有多少？

安琪儿：我现在一共播了 18 天，我现在获得的纯利润，不包括佣金，就有两万块钱，毕竟刚刚开播，我是比较满意的。比我自己刚刚开始做淘宝的时候好很多，给商家做产品推广的佣金我还没有去算过。

马涛老师：你是怎么收商家的费用的？

安琪儿：商家的推广费用是由利润来定的，抽成 40%，30%，20%，10% 都有，看产品的利润空间。不过一般情况下都是 30%。

马涛老师：你对商家的产品有什么要求？比如品类、价格、品牌、质量？

安琪儿：我对类别没有太大的要求，只要是好的东西就可以，因为生活用品、服装、美妆、护肤等方面都是日用品的，只要产品好都可以推荐，价格上面暂时也还没有什么太大的要求。对于衣服，我的要求是质量一定要过关，款式要比较新的，比较好看的。对护肤和美妆产品，口碑肯定是重要的，有些产品我肯定要提前用过确定质量好我才会推荐给我的粉丝。

本章内容来自日千单电商俱乐部分享交流群之安琪儿的分享。

第5章

用直播挖掘老客户和铁粉的购买潜力

5.1 淘宝政策重点：内容化、社区化、娱乐化

我是小栾，我在淘宝的达人账号名是"空姐CC"，飞来飞去的小空姐就是我。我现在是全球购海淘的达人。前段时间刚刚被阿里巴巴评过奖，获得"最具粉丝号召力的买手"第一名。图5-1就是颁奖照片。

图　5-1

我主要分享一下淘宝直播以及内容化私域运营。

我从接触电商到现在，一直做的都是海淘的类目——化妆品。而今年在海淘这方面，小二和平台一直都跟我们讲，有不断的消费升级。

现在90%的全球购消费者都来自一线和二线城市，用户的消费观更成熟，所以相对于爆款产品，他们更倾向于选择个性化和差异化的品牌。为了迎合顾客的这种变化，淘宝今年的重点将是内容化、社区化、娱乐化。随着电商环境的年轻化，还有卖家的社群化，导购内容化，所以现在大家都在讨论的就是私域运营。

图　5-2

5.2　如何做好私域运营

私域运营主要包含几个方面，第一是淘宝直播。

2016 年 3 月淘宝创建了直播频道，我们是作为第一批达人加入到淘宝直播的。当时可以说淘宝直播还没有很成熟。我们跟随淘宝直播，从不断的测试中走过来，现在的淘宝直播已经非常成熟了，而且未来还要转变成栏目化。

第二就是微淘。

微淘作为粉丝沉淀，是通过几种方式：上新、直播、教学、买家秀短视频等内容的输出，然后实现与消费者的互动。

第三就是淘宝群。

每个店铺都可以建立自己的淘宝群。有针对性地对粉丝进行划分，然后进行针对性的运营和宣传。最终实现卖家与用户，用户与用户之间的多维度互动和口碑传播。

最后就是搜索直达的穿顶。

就是让粉丝通过搜索穿顶的方式直达到我们这种拥有粉丝量比较多的卖家的店铺。通过消费者在搜索平台上的记忆点来获取流量。

关于内容运营有很多的输出位置，像我们这些淘宝达人每天都要输出内容。比如说像爱逛街，爱面子，还有这个有好货，推荐的明星店，每日好店，都是我们作为达人每天需要去做的事情。

下一阶段淘宝的风口主要还是短视频和视频的 PGC（专业生产内容，Professional Generated Content）。

现在淘宝比较重视短视频，可以说手淘上的很多运营者都在主攻短视频业务。而且垂直化的视频内容将会在淘宝成为主流。所以如果大家有能力剪辑或者有这方面兴趣，建议大家今年要在短视频方面发力。

5.3 红利期日销120万元，淘宝直播越来越精细化

对于淘宝直播来说，2016 年的内容都是比较粗劣的，卖家的直播质量不是很高。而 2017 年淘宝直播有了一个质的飞跃。正在向精品化的方向靠拢。而优质的内容会得到算法的加权和流量的扶持，所以会更趋向于横屏播放和栏目性运营。

淘宝直播带来了很多红利。像我们刚开始做直播的时候，一场直播下来一两个小时，成交量都是在几十万元，甚至有的时候淘宝给到首页焦点资源，我们曾经一天成交到一百二十万元。

但是现在还想通过直播沉淀粉丝，可能性就小了很多，之所以要把直播的内容精细化，就是因为直播领域更看重的是内容，这是未来发展方向。

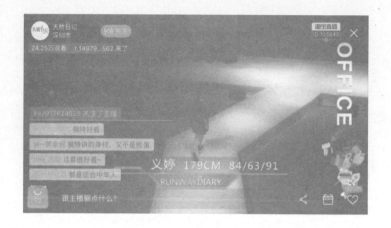

图 5-3 T 台走秀直播

5.4 持续做内容来沉淀粉丝,再用直播进行转化

现在淘宝平台一直都在宣传要做内容运营,平台要转变,风向要转变,所以大家更要注重内容。

其实我们做的一直都是内容运营,从我们开店初期到现在做的都是内容。可以这么讲,我们店铺没有专业运营高手那些刷单啊,抢位啊之类的技术,我们一概没有做过。

图 5-4　主播正在展示日本进口商品

我们一直都是先做内容再形成粉丝的沉淀，最后进行转化。我们现在沉淀了大概十万粉丝。基本上店铺每周两次上新，通过上新，当日的成交额基本上都能达到几十万元以上。

所以我一直认为内容很重要，但如果能把内容和技术结合，应该才是所向无敌的。

5.5 对话：如何获得流量，淘宝直播的权重指标有哪些?

马涛老师：你的直播和老客户之间是什么关系？也就是说你每次直播的时候会不会发动这些沉淀在微信里边儿的老客户，例如给他们发通知什么的。

小栾：肯定会啊，然后他们会上来与主播互动。之前大家可能会感觉与店主不太熟悉，通过直播都能认识店主，并且有可能成为忠实的粉丝。顾客与粉丝是有本质区别的。对于粉丝，不管你推荐什么，说什么都是对的，而顾客还是比较看重产品的品质的，比较理性消费吧。

马涛老师：直播时淘宝会给你输送多少流量，多少粉丝？新手的新直播号，怎么才能获得更好地推荐，更多的粉丝，让更多的人看到呢?

小栾：现在新的直播账号基本上没有太多展现了。淘宝直播有很多的频道，全球买手、掌柜播、美妆、潮搭等频道，但是现在新申请的直播账号都不会在这些频道里展现。新直播号只会在自己的微淘里展现，也就是说只有他自己的老客户才能看到。

马涛老师：每次直播之前都会向你的微信好友群发消息吗？

小栾：对！每次都要通知他们的。

马涛老师：之前有一种说法，就是自己的老客户或者粉丝越多，往直播上引流越多，淘宝的直播平台给你分配的流量也越多，这种说法对吗？

小栾：不是这样的，淘宝权重考核的指标第一项是在线时长，就是粉丝的在线停留时间。第二项是互动，也就是说顾客在直播里说话点赞的数量。

第三项就是人气，人气就是送礼物数量。给主播送礼物越多，人气越高，也决定了展现和排名。第四项就是收藏量，一场直播下来有多少顾客收藏。第五项就是成交额，一场直播下来有多少成交额。

以上这些因素综合决定了淘宝主播的排名和展现位置。

最近又新加了一项对主播的考核。之前不管主播播了几个小时，再上线都会有浮现，而现在是如果一周一次也不播的话，就没有浮现，也就是说，会与所有新主播一样不会在频道里面展现。

淘宝现在的要求是，一周至少要播一小时以上，成交额在两万块钱以上，然后才会有机会展现。

　　马涛老师：感谢小栾！每次都走在前面，抢到红利，同时给我们打开了一扇门。

　　本章内容来自日千单电商俱乐部分享交流群之栾海宏的分享。

第二篇

电商运营新玩法

　　从第二篇开始一直到本书结尾，都是关于电商新玩法的内容。共有13位卖家分享，每个人的玩法都不同，所以加起来也就有13种玩法。可以说，除了极少数顶级大卖家外，目前的这13种玩法囊括了几乎所有主流玩法。

　　值得一提的是，我们把"电商新玩法"放在"直播"后面，这是有特殊用意的。如果旧的玩法效益挺好的，那就没必要使用新玩法，之所以出现新玩法，那就是要适应当前的电商新形势。当前淘宝平台的重点已经向以直播为代表的"内容"转移了，过去传统的玩法不灵了。在这种背景下，卖家都要转变新的玩法，甚至要转型。

第6章

争夺爆款位置，把竞争对手拉下来

本章讲述的是如何在淘宝快速盈利的方法，就是把竞争对手的爆款位置抢过来，让自己的产品成为爆款。首先选好产品，然后抢占位置，最后维护你的老客户，保持优势。

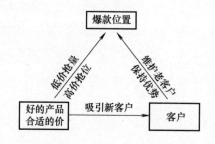

6.1 做淘宝快速盈利的三要素：产品、方法和维护

大家好！我是小山，现在在深圳做淘宝和天猫。我是2012年接触互联网的，之前做过分类信息、百度竞价。目前除了淘宝还在做公司注册、代理记账。我是2013年10月开始做天猫的，做过四个类目第一。现在在做3C数码和车品类目。

那么我们是怎么样做到淘宝快速盈利的呢？首先我们将其分为三个要素：第一个是产品，第二个是方法，第三个就是维护。

$$
淘宝快速盈利三要素
\begin{cases}
产品 \\
方法 \\
维护
\end{cases}
$$

先从第一要素产品说起。从选项目开始，怎么样去找一个合适的产品？我们首先定位这个产品的价格？我把价格定位于低价抢销量，高价抢排名。所谓低价抢销量就是说拿出很低的价格，这样转化率就会比较高，然

后借此抢到一个销量的高排名之后，就会一直有流量进来。反之，就是定一个比较高的价格，靠的是综合的流量。

去年我们就是一直在靠销量的流量，我们把定价定在3.9元、9.9元、12.9元！虽然我们吃的流量非常少，但是转化率非常高，成交量大。今年我们转走高价路线，首先我会看这个产品，我们同行的定价是多少。具体方式就是用手机浏览器打开 m.taobao.com 网址，搜索想要做的产品关键词，看一下竞争对手的价格是多少。

m.taobao.com 是比较精确的，去年淘宝开始加入人群选项，你之前搜索过的信息，会默认把你的习惯考虑进去。给你找回来比较好的宝贝。我们打开网址搜索关键词之后，将排名前三的竞争对手整理出来，因为这三个商家是拿类目流量最大的，价格相对比较高。

例如说我曾做过数据线，我会先把竞争对手的价格和销量记下来。然后我要去分析对手的流量组成，一个月的销量是多少，靠的是免费流量还是付费流量？接下来开始优化我的详情页，详情页起码做的不能比对手差，再了解对手的货源和拿货价，以及产品质量。这些全部完成以后，开始启动这个项目。

当前市场上做爆款依靠的无非那几种方法，直通车、淘宝客还有是我们不提倡的"黑科技"，就是一些"黑搜""黑车"这类的违反淘宝规则的方式。所有方法的基础就在竞争对手的单坑产出，我们所有工作都是围绕着这个产品的单坑产出来开展的。

我说的单坑产出就是说在价格确定的前提下，怎么样才能用较短的时间追上目标对手的单坑产出。你不管用什么方法，如果你想取代他，就必须在单坑产出方面超过它。超过它之后，它的位置就是你的。

最后我们谈谈维护，当我们积累了一定数量的客户之后，我们就要面对这个问题了。我们大概有 1000 万到 2000 万的客户数据，我们先发短信给老客户，请他们加我们的微信。还有一方式就是引导老客户做淘宝客，我们会发一些产品，让他们去买。我建了一个群跟他们互动，发现他们有什么需要会在这个群里面发布，你帮他去找就行啦，你来赚淘客佣金就可以。虽然比较简单，但现在收入的话也有一天两千元。数据量不是很大，也没有在淘宝客方面发力，不知不觉就有这么高利润了。

6.2 对话：单坑产出理论实战案例

下面通过一个案例阐述单坑产出理论：

小黄瓜：我准备做家具，新店，需怎么做？

小山：不管新店还是老店，我们现在只看产品。你可以把一个具体产品告诉我，我做一个方案给你。淘宝客带来的瞬间流量会非常大，所以首先要找到自己的竞争对手是谁，其他的方式方法都好办。

小黄瓜：我卖床。

小山：那你现在要去搜索这些关键词，我这边有个搜索结果。你现在的定位是高价抢排名还是低价抢销量，这个要确认好。

小黄瓜：能不能都具体讲解一下？

小山：像这个实木床，如果1299元或1399元，这个价格就可以上首页，你可以去后台看一下，1399元这个价格是不是拿到类目里比较大的一个流量。所以，高价拿大流量转化率低，利润高；低价拿小流量，转化率高，利润低。

小黄瓜：老师，后台哪里看这个？

小山：手淘搜索流量。我们去搜索淘宝的时候，点筛选，会有几个价格区间。比如说 9.9 元的占 10% 的客户喜欢，25～50 元有 40% 的人喜欢。还有 20% 的人喜欢 50 元以上的，如果我卖 59 元，我就可以所有流量通吃。

小黄瓜：那低价的呢？

小山：低价的流量有瓶颈的。例如有些人搜索某样产品，有可能出来的全部是高价的。这说明你消费层次比较高，有些 9.9 元、2.9 元的产品就不展示了。

就像这张实木床。如果我来做的话会定价会在 1399 元或 1599 元。

目前排第一的商家月销 402 件，那么 402×1399 元就是它的单坑产出。如果想拿到它的流量，就必须在 7～30 天内单坑产值超过他。

小黄瓜：这个商家有 2 家店，在 C 店低价，在天猫高价。

小山：不用管它 C 店还是天猫店，首先定位竞争对手。然后算出来单坑产出，价格只能比它高，不能比它低。天猫和 C 店所有都是一样的，只要单坑产出超过它，位置就是你的。详情页、产品介绍的设计水准不要比它差，要不然后期维护会比较费力。

新品上架一周内，只要超过它的单坑产出，排名立刻就会上来，流量很快也就来了。其实一旦把目标确定，后面操作就会比较简单。

6.3 对话：产品不过关，早晚会被别人从爆款位置上拉下来

马涛老师：产品是根据定价去选择的吗？

小山：我现在说的是标品，有些类目你推出一个产品自然就会成为爆款，不需要刷单，但是这种情况已经很少见了。

你的产品决定了这个项目的成败。一个好的产品可以很快就把竞争对手打下来，一个差的产品，哪怕用尽各种手段，爬上了那个位置，但也待不了多久。所以产品真的很重要。如果在那个位置待很久，说明产品质量确实比较好。

马涛老师：这就是爆款的原理。

小山：好产品可以运营后端，但差产品即使运用再多技术手段，即使爆款了也很快就下来了。

本章内容来自日千单电商俱乐部分享交流群之小山的分享。

第7章

整合后端资源，提升供应链水平，应对海量订单

7.1 从零开始到年销百万单的电商经历

我叫金戈，与大家分享一下电商后端资源整合方面的心得。

我毕业以后在一家做建材家居团购的电子商务网站负责家居部的招商和运营工作。也是从那时开始全面的接触电商。后来又和几个同学合伙开了一家网络公司，主要通

过网站帮助网店店主做网店装修、拍照、宝贝描述这些简单的工作。后来，我们看到了电子商务的机会，就与商家合作做一些天猫店，就这样一步一步开始了。

之后我们来到了山东的临沂。这是北方的一个批发市场，都说"南有义乌北有临沂！"临沂有很多专业批发市场，有大量优质物流和快递公司，价格也比较低，非常适合电商发展。

当时，临沂非常缺乏电商方面的人才，所以我们抓住了这样的机会，与很多传统企业合作，获得了很大销量，并在全国招了十几个代理商。

后来我们又发现山东是棉花的主产区，又有大量的纺织厂、印染厂，对生产纯棉面料的服装这个行业有天然的优势。所以就开始做印花服装，至今五年了。

我们现在开了几家天猫店做印花服装，夏天做纯棉的T恤衫，秋冬的时候做圆领的卫衣、帽衬、棒球服。我们经营的类目比较少，产品比较单一，主要印花服装，其实衣服都是一样的，就是印不同的图案而已。

我们是从零开始的，虽然没有什么经验，但是有供应链优势、人力优势和资金优势，而且我们也懂一些技术。现在，每年都能完成超过一百万单了。当然这个行业利润比较低，可以说是一个重供应链、重仓储发货的行业。

我们在电商业务比较稳定的情况下，也想拓展业务，一方面考虑自媒体方面，包括百家号、今日头条的一些资源。第二个方面就是一些新的电商产品的机会。

我们关注的就是三四线城市的互联网和电商的商业机会，这些机会与一二线城市不完全一样。一二线城市会有更好的信息、资源、人才，能做成很大的项目。而三四线城市更多的是一些小的赚钱机会。

7.2　整合电商后端资源，打赢电商下半场

下面我来说一说电商的后端资源整合。我是这样理解电商的前后端的。前端主要包括流量、转化率、产品的客单价这些因素。从技术层面来说，这些因素已经发展得比较成熟了，大家都有能力，都有办法把它提高上去，因此后端资源就显得更加重要了。

我们现在做的印花服装行业对供应链依赖很大。例如很多印染厂因为环保不达标，被停产限产，这会影响很多店铺的货源。店铺缺货就无法做活动，平时卖的货也会断码（衣服的尺码），这对店铺来说是致命的打击。

如果这个时候换厂家，质量、周期、花色、价格等问题都无法保证，就会很麻烦。

我们的应对方式就是与传统生产企业合作成立一家电

商公司专做天猫店。所有资金由工厂来投入，货源由工厂提供，但是品牌和公司双方共有。

工厂为什么愿意跟我们合作？因为他们现在的订单特别少，即使接到订单也要求短时间内做好。

另外我们成立的新公司是独立运营的。如果合作工厂的生产能力不足，我们也可以拿其他工厂的货，而且一般货款的账期都在两个月左右，这样对我们自身的发展，有充分的资金链的优势，资金流动性非常好。

我们现在经营的店基本都是客单价不高，但成交量非常大的店。一般每个店每个月都有三次聚划算，三次淘抢购活动。我们不追求太高的利润，把成交量提高，把资金流动起来。

成交量大，快递价格就非常低，在我们的城市，申通、圆通都是3.5元/件，其他一些小的快递公司，基本都能做到3元/件以下。

虽然单价比较低，但是快递公司都愿意与我们合作，因为衣服每单只有一两百克，这对于快递公司冲量来说优势太大啦！

　　总之，有稳定合作的工厂，有应急的供应商，还有合作关系良好的快递公司，凭借这样的后端资源整合，我们拥有了非常好的现金流。

　　我们之所以业务发展较好，有几点优势。第一，抓住了工厂的痛点需求，与工厂稳定合作，就没有那么大的资金压力。第二，快递公司价格非常低，这样我们与其他城市网店产品相比就有价格优势。第三，与供应商的合作，为我们提供大量的现金流。第四，三四线城市人力成本，特别是流动性的人力成本非常低进一步压缩了成本。

　　我们的劣势在于，客单价不高，难以做得更大。

7.3　对话：淘宝客推广不增加搜索权重，但增加流量

马涛老师：如果我们需要上活动，要注意些什么？

金戈：现在站外的活动主要是通过淘宝客推广，我们

经营的服装类目只要销售额到了第五层级，上活动还是比较简单的，多与小二聊一聊，每个月排期排满是没有问题的。

马涛老师：淘宝客，是指现在的微信淘宝客派单那种吗？有人说，现在微信淘宝客派单把卷皮等第三方活动网站的生意抢了很多。

金戈：现在卷皮和折八百这些网站已经没有什么效果了。我们在2012～2013年曾与卷皮、折800合作，后来政策变了就不再合作了。现在开新店都是通过淘宝客冲量的。

马涛老师：有人说，只要肯亏钱，用淘宝客派单，把产品推到排名第一很简单。你怎么看？

金戈：我们2017年开了一家新店，淘宝客一次能冲一万多单，效果还是非常好的。

我们这个产品差不多亏了二十几万元吧，现在也没有推到排名第一。服装的类目太大了，推到第一我估计得七十万元。现在淘宝客推广的权重非常高，并不是说搜索权重高，而是淘宝客一直在推你的店铺，随着支付宝的支付层级提高，每提高一个级别，流量就会有相应的增长，只要维护好动态评分（DSR），流量是非常可观的。

马涛老师：新店通过淘宝客冲？还是新款通过淘宝客

冲？去哪里找的淘宝客？佣金出多少？不是说淘宝客推的没权重吗？

金戈：淘宝客推的权重是不高，但是店铺的销售额上去以后，店铺的权重会提高，配合直通车来做的话效果还是非常不错的。

现在我们合作的淘宝客佣金一般30%～40%。

本章内容来自日千单电商俱乐部分享交流群之范戈的分享。

第8章

抢占细分类目的野蛮打法

8.1　野蛮人进入电商细分类目

大家好，我是北京的老蔡，非常高兴与大家分享我对电商发展趋势的分析和思考。内容主要是对我们经常说的势、道、术三者中"势"的分析。

8.1.1　高手抱团进入细分领域，多店铺多品牌运营

　　我要说的第一个主题是"占领跑道"。这个词可能有些人觉得奇怪，但实际上，已经有很多人在做了，而且已经初见成效。我在几个圈子里都比较活跃，其中有一个圈子，成员大多是在电商圈比较厉害的高手，不到 10 个人联合成立了一个小团队。

　　这个小团队看好了一个细分行业，通过对竞争对手的分析，发现主要竞争对手在产品详细页、钻展投放、产品卖点、团队等方面都偏弱。但是这个行业的前景是很看好的。他们进入这个行业，第一件事就是收购了一家工厂，然后进行团队的融合，建立了有丰富经验的几十人的团队，然后开始进行多店铺、多品牌运营。

　　目前，他们已经建成了多个店铺和多个品牌。有的是直接买的，有的是从原有的店铺转型过去的，很快整个行业排名前列的基本上都是他们的店铺。同时，他们在运营能力、视觉能力、推广能力、资金实力等方面都很强势，迅速掌控了这个行业的游戏规则和定价权。

8.1.2 占领了跑道，控制游戏规则和定价权

之前，这个行业的价格曾经是比较低的，销量最好的那一家大概一年的毛利也就是千万级别。但他们进去之后通过多店铺多品牌运营，把前面的位置牢牢占住，如果有人挑战，那他们就会用 1 ~ 2 个店铺与对手拼，而其他店铺照常运作。通过一定时间的运作，他们已经具备了一定的话语权和优势，或者说占领了几条主跑道，收益比较好。这个就是他们操作的前期，但这只是他们的一个短期目标，从长期来看就不是这样了。

8.1.3 掌握行业话语权后，引入野蛮人整合上下游，谋求挂牌上市

据我了解，他们的后续计划是对这个行业进行整合。等他们拥有这个行业的定价权和话语权之后，他们会引入更多的资金。

我们经常说这个品类这么小有没有发展潜力，有没有投资价值。其实大家忽略了一个方面，如果你的产品够好，

除了用户自然搜索流量，你还可以通过广告投放等方式来影响这个行业，所以他们能够吸引资金进入。

这里面有一个重要的概念，希望大家思考：我们传统的电商赚的都是差价，但是当一个企业有垄断优势，或者拥有这个行业的定价权和话语权的时候，那么这个企业是有投资价值的，就可以开始卖股份。所以说在第二阶段，他们是可以通过卖股份来获得投资，然后利用投资的钱进行上下游整合，进一步对行业形成更大的影响力。在电商渠道占有比较高的份额之后，再去占据其他的非电商渠道，如线下渠道、外贸渠道、广告渠道等。这就会在这个行业占到更大的市场份额，获得更高的毛利和更稳定的优势，甚至上市的可能性。

8.1.4 跑道被占领的行业，要么加入合作，要么被挤死

以上就是"占领跑道"理论，听起来比较虚，但实际上很值得大家深思，因为这是我们身边真实发生的事情。更多的高手开始"抱团"，抱团之后去占领一个又一个的"山头"，每一个细分品类就相当于一个山头，当他们占领

到你所在的山头时，你的企业就会越来越难生存。

如果每条跑道都占领了，别人要想往前走，或者推着我往前走，或者与我合作，或者被我挤死，没有其他的选择。所以，在这种趋势下，如果你只是一个普通的电商，要怎样面对未来非常强大的对手？如果你本来是一个非常厉害的团队，有没有考虑未来去垄断一个行业或影响一个行业？

8.2　左手买，右手卖的搬运工要消失了

接下来谈一谈电商如何应对未来可能发生的变化。首先提出一个观点，纯电商即将消失。很多人认为电商正是非常红火的时候，怎么会消失呢？

我们先分析一下电商是如何产生的。在电商平台出现之后，一些传统生产商或者品牌商，他们不懂、不重视电商平台，于是就出现了我们现在所说的电商，电商把生产商或者品牌商的产品，经过包装拿到电商平台销售，就形成了从生产商到平台再到用户的一个流程。

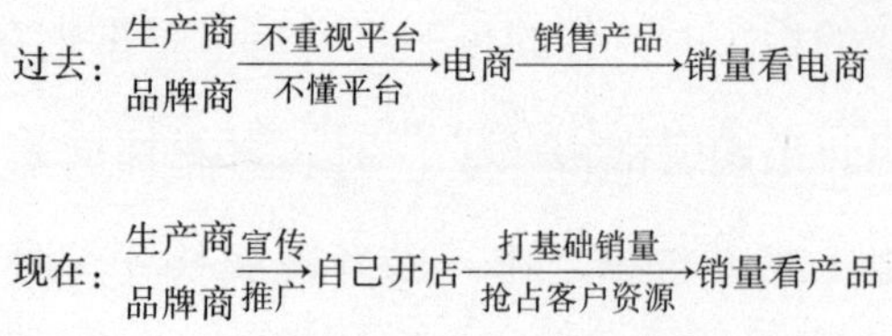

过去：生产商/品牌商 —不重视平台/不懂平台→ 电商 —销售产品→ 销量看电商

现在：生产商/品牌商 —宣传/推广→ 自己开店 —打基础销量/抢占客户资源→ 销量看产品

图 8-1

　　随着电商产业逐渐成熟，市场对纯电商的需求越来越小了。生产商和品牌商打造新产品变得比较简单，例如说生产商研发出一个新品，并将店铺页面、宣传等各方面策划好。第一步找老顾客，完成几十单或者上百单。还可以用一些活动渠道或者淘宝客等渠道在一些中小品类，直接将产品做到销量第一名，这就打好了基础销量。第二步再通过直通车或者钻展等渠道推广。真正来说运营的核心的内容就这两步，打造基础销量，然后推广。

　　最后产品卖得好坏，是由产品本身决定的。这就意味着留给纯电商的空间越来越小，生产商和品牌商越来越不需要纯电商这个中间环节了。通过分析，我们认为未来电商将会分化，绝大多数会由生产商和品牌商构成，另一部分会转化为服务商，例如去做淘宝客或代理商，甚至有一部分电商自身会变成平台。

　　关于平台，当电商拥有一大批的顾客，就可以建立自己的老顾客群。老顾客群就像自己拥有的鱼塘一样，可以卖自己的产品，也可以卖别人的产品。如果运作到位的话，就可以成为一个平台。传统电商的发展方向是成为一个品牌商，或成为一个服务商。

从这个趋势来看，未来电商可以根据自身的优势和所在行业供应链的状态，去找到自己可以聚焦五年，十年，甚至更长时间的子品类，然后在这个品类上进行研发和用户体验的提升，逐渐建立行业的优势，让这个行业的进入门槛越来越高，从而实现更多的利润。

8.3 放弃游击队式玩法，聚焦长线品类

纯电商即将消失，而我们要做聚焦细分行业，建立行业壁垒和优势的品牌商。如果你现在还在既做 A 品类，又做 B 品类，又做 C 品类，这种方式可能会越来越没有空间。如果你是中小电商，一定要放弃哪个品类赚钱就做哪个品类的游击队式的玩法。

要找到自己适合的品类去聚焦，然后赚钱，越来越聚焦，越来越赚钱，形成这种滚雪球式的行业聚焦，让你在

这个行业里能够凭借自己的专注和聚焦，实现成长和发展。只要你足够聚焦，足够关注用户的体验，发展就会越来越好，这是中小电商的发展之路。

如果你有更高的目标，或者你现在已经是某个行业占有优势的电商团队，那你完全可以选择一个细分行业去扩大优势，建立壁垒。通过多品牌多店铺的玩法来占领主要跑道，控制定价权和话语权，再融资，获得进一步的行业整合能力，获取更高的毛利，开创更美好的企业发展前景，甚至有争取挂牌上市的可能性。

图 8-2

8.4 对话：关于打法的问题

马涛老师：老蔡分享的第一部分内容就是占领跑道，当时我听完之后的第一感受就是这段时间最流行的一个概念，"野蛮人"来了。但是现在以这种野蛮的玩法，垄断一个细分类目的方式提升了该类目整体价格水平，其他人会不会跟风？淘宝官方鼓励这种做法吗？老蔡分享的第二部分内容是电商未来该怎么走，他提出一个很重要的观点，纯电商可能已经快要消失了。

北京老蔡：这种抢占跑道的团队，虽然是一个大团队，但是由很多个小团队组成，每个小团队都是一个独立运作独立考核的团队，且这种团队分布在全国各地。这种情况下，淘宝官方很难意识到这是同一个团队。

至于会不会被别的团队跟风。首先电商这个圈子说大也大说小也小，如果比较知名的团队进入了行业，其他团队或多或少会得到一些消息。因为类似的类目很多，没必要拼个你死我活，这种类目只要有人占住了，别人一般不会来抢这个类目了。

马涛老师：今天老蔡提出了一个新的课题，电商资本层面的运作，但是我认为这并不是人人都能玩得了的，反倒是后面的这些建议，对大部分电商更适合一些。刚才老蔡讲了一句话，我就想到了，当年我写《淘品牌》的时候，副书名就是中小卖家的转型之路，到现在来看，确实是这样。这两年我研究了品牌的做法，发现淘宝到现在真正出现淘品牌还比较少。尤其是对现在的微商来说，用过去的打造品牌的理论并不过时。真正的要做的还是抢占用户的心智，一定要抢占先机，一定要在用户心里播下种子，争取用户搜索我们的品牌，这就是老蔡讲的要做品牌。

北京老蔡：马涛老师讲得有道理，其实占领跑道这个方式，很多卖家的确做不了。但是我们要看到这种可能性，这种"野蛮人"会进入你的行业或者影响到你。我们要提前做一些准备，不要到时措手不及。那怎么准备呢？其实很简单，你必须要在行业中建立自己的行业优势。

所以说趁现在才刚刚有一点趋势，就要开始明确下自己未来五年，十年，甚至二十年要做的品类，在这个品类上，专注做下去，我们在产品设计、用户体验等方面越做越好，甚至开发知识产权。

马涛老师：老蔡这个观点我特别赞同，我们在淘宝平台上，有两件事是应该做的。一件事是做品牌，这个品牌是可以跨平台的，就是离了淘宝用户也会认我们的品牌。我要通过大量传播品牌广泛播种，让更多的种子洒在潜在用户的心里，让他们直接奔着我们的品牌去消费。

另外一件事呢，就是要把客户牢牢地抓在自己手里。我认为微信就是天然的 CRM（客户关系管理）系统。凡是被引到微信上的老客户，复购率都要比其他系统高很多，成本一下子就降下来了。

还有一点就是将这些老客户资源与淘宝直播结合的话，效果非常好。你把这些老客户拉到淘宝直播平台上带来了人气，而淘宝直播平台的流量是非常大的，如果在初期能够自带一部分流量的话，平台会根据自带流量的多少，再分配相应的流量。所以客户一定要抓在自己的手里。这方面如果体会还不太深的话，那可以参考《淘宝转微商》这本书。

总之，要么将品牌种在目标客户的心里，要么将客户抓在自己的手里。这样，无论平台怎么变，我们受影响都会比较小。

本章内容来自日千单电商俱乐部分享交流群之蔡佳宏的分享。

第9章

凭借运营能力与供应链转战小众类目

大家好，我叫柳建，我从 2008 年开始接触电商，2009 年有幸进入御泥坊，毕业后又在武汉做鲜花速递，用了半年左右，做到了行业第一。随后由于想要更好的发展机会，离开了这个行业，和朋友一起进入 3C 数码配件行业，主营手机壳。但淘宝变化太快，手机壳之类的 3C 数码配件市场竞争太激烈，我们慢慢地丧失了原有的优势。现在我在老家和本地一间工厂合作，做一个非常小的类目——"结婚礼服"。

9.1　只选有核心产品和供应链的小众类目做

2016 年一年的时间，我只做了一件事就是寻找类目。首先要求类目足够小但是潜力巨大，其次要求能把工厂绑进来一起干。

终于找到了现在的这家工厂，然后开始了合作。我相信有核心的产品和供应链，才是做好电商的根本，其他问题其实都好办。

马涛老师：柳建是一个典型的卖家代表。运营能力我们都已经看到了，非常强。但是就算运营能力很强，淘宝现在也已经到了拼供应链、拼资金的时代。我们刚才从他的叙述中可以感觉到，手机壳之所以做不下去了，是因为没有竞争优势了。

我们通过这几章分享可以感觉到，现在电商环境已经不是原来的纯电商了。上一章老蔡讲的左手买右手卖模式几乎没什么优势了，就算运营能力很强，也做不下去。

9.2 微商很大方，电商很抠门

目前电商的问题并不是卖不出去商品，而是不赚钱。通过交流，我们发现很多原来做电商自媒体的人，现在都转向为微商服务，为什么呢？因为微商的钱太好赚了。曾遇到一位四、五十岁的大哥，他是做经纪人的，提供明星方面的一些服务，例如给微商提供明星、名人代言产品。

据他说与微商合作的时候，一开始完全不适应。以前谈生意总要经历一系列谈价钱的过程，但是与微商合作没有这些程序，给他们报价之后，他们几个交头接耳地商量一下，然后计算，例如这场招商会能收多少钱，请明星花多少钱，场地花多少钱，如果最后算下来还能赚钱，行，钱直接就打过来。微商的思维方式与传统的，做实体的，做电商的都不一样。

电商人的钱现在特别难赚，为什么呢？因为电商本身赚钱太难了，大家都能感觉到，现在要想把一个产品做起来，思维模式不是考虑能赚多少钱，而是准备赔多少钱。先想的都是赔，然后慢慢再赚回来。

电商的"术"变化太快。我写的《淘营销》现在还在卖，已经七八年了还在卖，而讲"术"的，讲技巧的书，经常还没上市，内容就已经过时了。而《淘营销》讲的"道"多一些，还能够经得起时间的考验。

　　越是进入到高端，对于具体的"术"的层面要求就越少。效率如何，团队厉害不厉害，跟管理能力和经营能力是分不开的。管理是为经营服务的，但是真正要拔高的时候，要倍增的时候，就考验这个管理能力。你管理得好，团队就特别有力。

　　本章内容来自日千单电商俱乐部分享交流群之柳建的分享。

第10章

线上线下以及产业园的立体玩法

10.1　粗暴且短平快的打法：多店不停地上活动

我是军哥，来自甘肃天水，目前在洛阳有两个电子商务产业园，在四川绵阳有一个电商产业园。我做电商比较晚，2012年10月份才开始接触，经过这几年的摸索，也总结了一些经验，在这里把我做电商的经验和一些想法与大家分享。

我认为做电商其实没有什么特殊的方法。例如淘宝营销，不外乎有几种方法：第一种是活动，比如聚划算、淘抢购、天天特价、淘金币等。第二种是淘宝客。第三种是一些付费推广，如说直通车、钻展、直播、达人，以及一些第三方的资源。我们在 2013 年和 2014 年用第一种方法上活动，效果是比较好的，因为是短平快的模式，销量一下子就提升上去了。

当时用的是店群模式，最多的时候我们有 80 多个 C 店，下面的分销商有 300 多个 C 店，基本上每天都有几场"天天特价"，包括以前淘抢购的前身拇指特价、清仓等，天天都在上活动，那个时候用这种模式赚钱是比较快的。但到 2015 年和 2016 年，这种模式就不够有效了。于是我们换了一种模式，利用第三方平台来卖货。例如那两年的折八百、卷皮、蘑菇街这些平台兴起，我们就利用这些第三方平台开了很多的店，这些平台只要价格合适就可以上活动，订单量和利润来得非常的快。但是这些模式也很快就做不下去了，因为做的是"通货"，价格越来越低。到 2016 年的下半年，我们又开始转移到新的平台，例如拼多多，直到现在也还在做这个平台，订单量和利润都不错。

总的来说，我们要不断地发现新平台、新风口、新产品，这是我们做电商一直走的路。其实这个模式也有致命的弱点，就是同一个团队内，会产生竞争。因为大家都在卖同一个产品，这就会把产品的价格越压越低，这是我们以前做这个模式的弊端。

所以我们现在基本上放弃了这种模式，我们现在做的是把公司分成若干个部门，每个部门做不同的产品，不同的类目，有家居类的，有家装类的，有运动类的，有鞋子类的，还有进口商品类的，这样运营会使进货的压力比较大，但每个部门间没有什么竞争，每个部门的经理只要想着怎么把自己的部门带好，把自己的产品卖好就可以。

10.2 返现 30 元吸引客户，发一条朋友圈能多卖 500 单

接下来分享几个案例，基本上都是结合着其他平台做的。第一个案例是卖皮鞋的团队，这个皮鞋不是我们常见的普通皮鞋，而是一个非常小的细分类目，客单价在 160 ~ 200 元之间，却有 80 元左右的利润，每天能卖到 100 单

左右。

我们团队是这样做的，首先通过各种方法，把老客户全加到微信上。加老客户微信这件事，对大家认为可能比较简单，但是我们实际操作起来是非常有挑战的。刚开始加的时候，客户经常不同意或者直接忽略，几天下来没有任何动静。于是就想了一个办法，我们在发货的时候，在货里夹了一张卡片，卡片上面写"加微信返现 30 元"，后来客户基本上全部加上来了。只要有利益，客户就会有兴趣。

加上微信以后，下一步就是维护客户。先要做数据分析，我们分析得知客户都是 40 岁以上的男性，而我们微信的客服基本上都是女性，而且形象好，爱玩朋友圈，这样维护起来就比较简单。现在我们微信上会发一些相关的优惠活动信息，一天只发一条，不经常发，但只要发一条，一天就能多卖近 500 单。

给大家一个建议，将这些客户加入微信后，不要把这些客户拉入一个微信群里，直接加到朋友圈里就可以了，因为客户的朋友圈不像电商的朋友圈那么多人，你每发一条他可能都会看到。你早中晚各发一条朋友圈的时候，他可能都能看到。

10.3　整合线下资源，为线上促进销售或吸粉

利用外围的资源，给客户带来实际利益，以促成店铺的成交量，提升转化，做到双赢！这个案例是这样的，我们发现每个城市都有一些新开发的收费旅游景区需要宣传。

例如，有一个景区叫万安山，他们的门票是 40 元。这个景区的目的是吸引游客，然后通过附近地产赢利。

我们与他们谈的时候，把我们拥有的资源展示出来，我们能帮他们把票送到终端，吸引人们来玩。因为我们每天都在大量发货，发货量比较大，能满足对方的要求。我们一次性要了 10 万张门票，这其中有 3 万张纸质门票，7 万张电子门票。

然后针对洛阳万安山周边的城市，通过促销活动、随机赠送、好礼反馈等方法，把 10 万张票送了出去，让他们加我们的微信，然后我们送他们门票。这是吸引客户的好方法。

10.4　培养自己的电商人才，还能发展分销商

下面分享我们现在在做的一个人力资源项目。大家经常会遇到缺少人才，招不到人才的情况，我们招聘电商人才也很困难，其实我们公司给的工资在本地也不算低，但是招不到人才，从一线城市来的人也会水土不服，于是我们只能自己培养。

自己培养的成本是非常高的。我们现在采用的方法是与大中专院校合作，在每个学校建立一个自己的电子商务人才孵化基地。

我们在某高校建立了一个创业班，让这些创业班的学生帮我们卖货。其实学生们也想创业，但第一他们没货，第二他们没钱，而这两方面我们都可以帮他们。我们有货，我们也可以给他们启动经费，让他们成为我们的分销商。

此外，中专技校这类学校是比较多的，例如洛阳有 80 多个中专学校。我们和学校，共建了电子商务专业。当学生入校的时候就签下一份就业协议。

这些电子商务班的学生，进校第一年就开始接受培训。

第一年学理论，第二年实训课，第三年实习，我们给他们发了实习的工资，第四年直接进入公司，与公司签劳动合同，就正式成为公司的一员了。

这样培养出来的人，首先对公司的文化比较认可，也有了一年半到两年的工作经验，这种人才培养模式，我认为是成本最低的。

10.5 向电商产业园的升级

我们现在有三个电商产业园区，在洛阳有两个园区，一个是洛阳网商园，一个是关林圣创电商小镇，在四川绵阳还有一个产业园。我感觉电商产业园做起来非常累，没有天时地利人和，是做不起来的。

第一个产业园做起来是非常简单的。我用了两年的时间，积累了一些电商领域的朋友，大概有四十个人，这四十个人成立了一个小圈子，每人交了一千元钱，就是用来聚会吃饭的，一年吃了 12 次，不够了我自己垫。有了这个圈子做基础，2015 年做产业园的时候就非常顺利。

产业园建成之后我帮着大家积累了很多经验，也让他们卖出了很多的产品，现在营业额超过千万元的商家已经很多了，还有 8 家超过了 5000 万元。去年评选河南省电子商务示范企业，我们园区就有四家获选，政府给每家补贴了 40 万元现金。

10.6 对话：产业园、培训、客户的相关问题

马涛老师：做产业园能够得到什么收益？入驻产业园的企业要交钱吗？中间有利润吗？入住的企业得到了政府的奖励，那产业园得到的好处是不是更多？你利用社群建立产业园的方法在别的城市能不能复制？

军哥：赢利点有几方面：第一是房租的差价，我拿到的房租价格很低，这是一个不大的盈利点。第二还是靠政府，如果能申请到省级的示范园区，政府会有相应补贴，国家级的更多还有一些与第三方合作帮助企业申请补贴的，我们也可以从中收取服务费。

马涛老师：刚才你介绍的用返现的方式卖鞋加微信，当客户加微信领了钱之后，再把你删掉的情况多不多？另一个问题就是你会继续卖同类产品让他们复购吗？他们买

了这一款鞋还会买其他款式的鞋吗？

军哥：我的利润是八十元钱，返三十还有五十，其实这是为了在前期积累一些老客户。这样的客户基本上没有跑。返现了以后跟他聊聊，例如穿上之后应该注意什么啊，穿上有什么问题及时反馈等。我们的鞋子品质优良，我们答应顾客穿一年，如果有任何问题就给他换一双新的，这样他就不会把微信好友删除了。这种产品虽然有复购率，但是不高。

马涛老师：刚才说了你一路走来，做活动的这些平台的变化。那每次你是怎么发现这些新平台的？是别人告诉你的还是从什么渠道获得的消息？现在的平台跟过去的平台玩法有什么不一样？

军哥：我们在公司专门设置了一个分享讨论的地方，作为管理层我们可能不容易发现这些平台，但运营人员或部门经理就非常容易，这样我们会不定期地组织大家把自己得到的消息分享出来。

马涛老师：你刚才分享的人才培养的方法，我觉得很好。别人都是毕业才去抢人才，你从入校就开始布局了，但是我觉得这个价值好像没有发挥到最大。现在一些电商都办大学了，比如说韩都衣舍办了韩都大学，那你的这种方法和他们有什么不一样？

军哥：与学校合作，我们也是最近才开始做的。因为从去年开始，我们就发现人才的需求量是非常大的。在洛阳，我们几家做得不错的企业私下约定不互相挖人。所以才想到与学校合作培养人才。

校方负责招生和管理，我们就可以去做培训，其实我们现在已经不是在单纯做培训，而是在做人力资源。如果三年培训完以后，我们的企业不需要了，我们会把他推荐给另外的一个企业，还可以收回人力资源的成本。很多企业都愿意支付这些费用。

马涛老师：刚才你说把这些客户加到微信上之后，不要把他们拉到一个群里，为什么？一般我们都建议电商将老客户都拉到群里，因为拉到群里边进行社群运营，你反对这么做，你的理由是什么？

军哥：我之所以不建议建群，是因为我们以前建群的效果不好。在群里大家都能说话，会有一些竞争对手混进来，恶意进行负面宣传，其实我们建立朋友圈是一样的，可以私聊，也可以发朋友圈，顾客是能看到的。

马涛老师：还有两个细节问题，你把学生培养成代理，目前有成功的案例吗？

军哥：我们前前后后讨论了很多遍，到底要给学生卖什么，最后我们选择了零食。小零食，比如辣条，作为切入点很不错，我们现在选了一个班的学生做代理，一天能卖几百单，效果很好。

马涛老师：你跟这些景区谈门票的时候，向景区支付费用吗？

军哥：我们不会给景区费用。去谈的时候，一定要找到景区的痛点需求，其实他们缺的就是人流，所以要找到这样的景区，我们才去谈。

本章内容来自日千单电商俱乐部分享交流群之马军的分享。

第三篇

付费推广和免费流量新玩法

流量是电商的命脉。

学了第二篇的运营策略，就掌握了方向。但是在具体执行的时候，还会面对很多技术细节。在精细化运营的今天，细节决定成败，本篇就把流量技术深化和细化，最好是让读者拿过来就能用。

第11章

直通车的另类玩法

11.1 跟着淘宝规则走

大家好我是小君,我主要做女鞋这个类目,已经做了有四五年了。在做女鞋的过程中,我们是一直跟随着淘宝的规则走的,就是它出什么运营的工具,那我们就会尝试用这个工具,比如说直通车和展钻,但是慢慢摸索下来,还是直通车比较适合我们。

我主要是负责"术",所以很多"道",我还不太熟练,所以就介绍一下术的内容吧。

其实，淘宝近两年的推广方式变化很大。去年，我尝试不做直通车，只做一些老客户的维护、复购，还有加购这些，反正就是把它做得精细些，这样可以把宝贝做到两三千的月销，但是今年就完全不行了。

所以我又分出两个团队去不断地测试直通车投入产出的比例。比如，一个店铺可能投入的比例是每天三五百元，还有店铺的投入可能是一天两三千元，我们测试它们能够给我们带来的流量有多少，以及哪个类目比较受欢迎。

通过测试发现投入钱多的更容易达到我们想要的流量，投入的钱少，若想达标就需要很长时间。

11.2 选款和测图同步进行

下面我讲一下如何操作直通车，还有我对直通车权重的理解。

事实上在做直通车之前，我们也会去做选款、测图这些细节工作。作为女鞋类目，我们产品的季节性是非常明显的，而我们平常会稍微放慢一点脚步。比如说到了春天，大概我们会在二月份去看销量前十位，看看他们的推广方式，再从这些产品当中了解当年的潮流走向，发现流行元素，再设计自己的款式。

销量有突出表现的话，我们就会把这个款重点选出来。然后我们再优化产品图片，优化详情页。但最重要的还是去优化直通车图片，比如去做直通车推广，会做四到五个图片，然后我们会去测试这些图片的点击率。点击率好就留下来，点击率差的就把它删掉。这就是我们在做直通车之前所需要做的选款与测图，这两个直接影响到直通车的点击率和转化率。

测好图之后我们就会做一些宝贝的基础，比如说，评价这方面的买家秀，还有问答，我们也有去做。把这些基础做好了，我们就可以开始上直通车，我们一般前期会先做些测试，比如会设置一个限额，这个限额要根据实际情况设定。我们刚开始把质量得分设置为 100 ~ 200，如果是大类目的话，点击费用比较高的话也可以设置得高一些。

11. 2. 1　只投无线端，关闭 PC 端

现在直通车有一个无线端的，还有一个电脑端的。一

般我们只做无线端，其他的都会关闭。因为这样可以集中精力操作。折扣比例方面，一般情况我们都是 100% 的。

刚开始做测试，不同的类目，有不同的时间。但是我把它全天投放的目的，就是要测试它哪个时间段的点击率会更高，有利于后期分析、筛选、优化等。

11. 2. 2　投放地域看气候

在设置投放地域时，一般情况下我会看气候。女鞋类目是季节跨度比较大的类目，我会选择一些比较适合我的产品的地域。比如说，我推春款女鞋的时候，我们先投放的是广东与福建这两个省，就会比较快热起来。有的人说海南也热，但是经过我们的测试，海南的转化率是很低的。

11. 3　关键词的选择

下一步就可以选择关键词了。很多人不知道怎么去选择关键词。事实上这个不难，一般我们可能会选择二、三级的关键词。如果是小类目，可以直接用一到二级的关键词。大类目，比如女装连衣裙类目，可以选择三到四级的关键词。

对于关键词的裁剪，我一般会用直通车推荐词来做，而不考虑"生意参谋"。因为现在很多直通车系统推荐词，都是专门为直通车设计的，"生意参谋"只是偏向于搜索。首先我们打开筛选关键词的页面，我们从高往低排序往下拉，观察两个数据，一个数据是相关性，还有一个是展现指数。如果相关性满格，那就停下来看看展现指数大不大，如果展现指数也很好。那就可以选择这个词。

如果说展现指数不高，相关指数高，或反之，不管哪一项指数不好，我们都不推荐。特别是展现量这个参数，展现量少的关键词一般没太多的展现机会，就算转化率再好也没有用，还会浪费我们很多时间。

用上面这些筛选方法筛选一下，可以选出五至十个合适的关键词，一般情况下筛选五六个就够了。事实上做这个步骤为的是先提高账户质量得分，得分高了，以后再添加任何词进来，分数都是很高的。

添加好关键词，当有匹配方式可选择的时候，要尽可能地去精准匹配。因为精准匹配对直通车的点击率非常有帮助。

接下来就要对关键词出价。一般情况下，我建议在做计划质量得分的时候，一定要想办法"卡"在首屏，也就是"卡"在第一位。这是为了获取到更多的流量，也为了提高点击率。

很多人认为卡在第一屏可能需要花很多钱。事实上，并不一定如此，我们考虑的是日限额，虽然点击费用很高，但是一旦到了日限额它就会下架，但是我们的目的已经达到了，我们要的点击率还有它本身地域所产生的点击量，这是我们想要的数据。我们可以分析出来的一些数据，例如：我们这个图片行不行？哪些地域有反馈？然后可以观察一下这些关键词有没有给我们一些反馈。例如有没有展现，有没有点击，最理想的是看看有没有转化，因为做直通车的根本目的是转化。有一些关键词，价格非常高，但点击率不高，这种词我们就可以先不用，再去找一找更合适的词添加进来。当然，不同类目的点击费用肯定不一样的，比如说，化妆品类目，我们能够承受的价格大概是三元钱一次点击，但是业内的平均点击价格到了五六元。有些类目点击率或点击单价本身就很高，那我们只需要在出价的方面比平均点击价格高一点儿就可以了。

一般我们把移动端价格定好了之后，PC 端的价格也需要调整一下。但是一般情况下会直接把他设置到移端的溢价 300% 或 350%。

11.4　创意优化秘诀：四个相同标题的创意轮播一起比较

最后，我们还要做创意优化。我们的操作方法跟一般的操作方法不太一样。一般我们会上传 4 个创意，创意标题相同。流量分配方面，一般我会选择轮播，投放 3 ~ 7 天吧。通过数据对比，我们分析各个创意的点击率，看哪个比较好。如果某个创意的点击率比较高的话，那就直接关闭掉其他创意，PC 端同理。

本章内容来自日千单电商俱乐部分享交流群之志君的分享。

第12章

千人千面时代的SEO

12.1　SEO 的发展历程

SEO 是搜索引擎优化，即通过优化店铺宝贝标题、类目、上下架时间等来获取比较好的排名，从而获取淘宝搜索流量的技术。

我从 2011 年开始做淘宝，那个时候电商还没有现在这么复杂，主要是以数据魔方，配合直通车竞价提升自然搜索流量。那个时候比较简单，只需直接出价买直通车，就能排到前几名。

后来又有了一个新方式，就是"豆腐块"，我们就开始研究怎么利用豆腐块。我们当时的做法是这样的：搜索关键词的 Top500，然后去采集对应豆腐块的前三位商品的数据，再算出需要多少销量能冲击到这些豆腐块的位置，获得的转换率是多少，再根据这些分析选择合适的商品来冲击。

到 2012～2013 年就开始用微淘进行搜索，淘宝直通车融合了千人千面、个性化展示的风格。

从 2013 年到现在，由于移动端的崛起，淘宝的个性化风格就更加突出。因为顾客肯定是登录了淘宝账户的，淘宝就可以基于大数据对用户的行为进行判断，就能了解到客户近段时间的需求是什么，所以推荐的产品都是相对精准的。

12.2 与达人合作

2016 年 5 月淘宝首页有了一次变化，现在淘宝的首页分成三个部分，首先是搜索和达人推荐，然后是官方活动，最后是系统推荐。

有些商品确实需要加强与达人的合作，因为整个首页，达人推荐已经占据了40%。

而以搜索为主的店铺，主要还是关注首页的"猜你喜欢"以及运营三板斧：直通车、钻展、淘宝客。需要注意的是什么？是顾客的实时行为，也就是说点击、浏览、收藏、加购物车这四个数据。

前期若要进行一些简单的卡位操作的话，我建议大家先从销量排序进行卡位，因为这是最容易上位置的。虽然由于各种搜索导航的出现，削弱了销量排序的权重，但目前还是能占10%～20%。对于移动端来说，这样的搜索量还是很大的。

综合排序就只能通过付费推广去提升了，主要是通过钻展、直通车和淘宝客，要注意的是，系统推荐一定要用直通车定向去做。

SEO 的核心其实很简单，就是将关键词、主图、详情页、评价这 4 部分，与搜索关键词的人群进行匹配就行了。

只要围绕这几点去做，一般转化率都会比较高。

本章内容来自日千单电商俱乐部分享交流群之橙云的分享。

第四篇

品牌商和供应链的新玩法

供应链或供应商在这里代指工厂。

品牌商与工厂是博弈的关系。有的品牌商没有工厂,产品全部依靠代工,这样可以更加专注于品牌运营。有的品牌商通过自建或收购工厂,谋求掌控供应链。

第13章

从阿米巴小组到操盘人

13.1 羊奶粉品类线上全渠道布局

大家都叫我"坤哥"，我想分享的是，从事电商 5 年以来，对电商、母婴行业和组织优化方面的思考，希望可以给大家一些参考。

2011 年，我在阿里巴巴中国供应商部门做地面销售，一年后离职，转行开淘宝店做家纺。当时，在 30 个分销商里我排第一。但是，考虑到分销商货源不稳定，又不符合自己的职业规划，我放弃了淘宝店，回到西安加入了现在的公司。

我们是一家纯电商公司，做母婴类目下的羊奶粉产品，连续 6 年"双 11"羊奶粉类目排第一，年销售额过亿，利润非常可观。

我今天分享三点：

第一：2011 年，我们开创羊奶粉类目，线上全渠道布局——抢占品牌流量先机。

第二：2015 年，我们进行了去中心化，实施"小组制"——快速反应，激发组织的创造力。

第三：2016 年，我们对组织进行升级，实施"操盘人制"——相当于个人半创业，利益共享，责任共担。

在业务层面上也进行了升级，推行"消费者产权"模式——组建利益共同体，线上和线下协同，建立消费者数据库。

13. 1. 1　连续 6 年夺冠的秘密

大家一定想知道，我们为什么能连续 6 年，在羊奶粉类目夺冠。其实这个过程很辛苦。有一句话说得好，"欲戴皇冠，必承其重"。

我们其实是传统品牌，线下是有基础的，年均有2亿多元的销量。其实任何一个奶粉品牌，线下都是有基础的。

在线上我们是没有优势的，因为消费者在淘宝平台奶粉的选择面很多，品牌更多。何况那时还没有羊奶粉的类目，淘宝的整个流量都是倾向牛奶粉的，消费者很难搜索到羊奶粉。

所以，我们就想有什么不同打法可以采用。我们没有走传统的老路子，比如开店做基础销量，用钻展和直通车卡位等。我们直接把焦点放在了消费者可能出现的场景里，开始布局全渠道。

13.1.2　先开旗舰店再招分销商，新品类要突出专业度

我们首先开了天猫官方旗舰店，然后招募线上的经销商，并限制经销商只能开专卖店，同一时间也开通了分销渠道。

对羊奶粉大众认知不够，需要普及，那么专业形象就

很重要。而专业形象与售卖场景关系很大，所以当时只招专卖店，目的就是为了满足一部分客户的需求，当然这个也是为了体现差异化的渠道拓展。

我们搜索关键词，发现第一页的 C 店很多，我们就招募了很多分销商。这是为了抢占搜索曝光，消费者搜索时，第一页都是我们的产品，那么大家心里就会认为这个产品有那么多人卖，质量应该不错，大胆的客户就可能试一试。

旗舰店、专卖店和分销店，3 个渠道齐发力，量就做起来了。而淘宝小二看淘宝羊奶粉势头不错，经过多次沟通，2012 年年底就开通了羊奶粉类目。

13.2　淘宝规则变化带来的焦虑和无奈

淘宝店主如果长期依赖技术层面开展运营，就会在每次淘宝规则变化后，感到焦虑。我们也曾有一段时间搜索流量下降，但销售额并未下降。商业的根本是相同的，那就是产品和服务，这句话谁都知道，但真正践行的却很少。正是因为我们在消费者深度方面足够重视，且专注于自己的服务，所以才会在淘宝规则不断变化时，依然稳居第一。

专注的结果是在 2014 年"双 11"，我们开创了新的营销方式，那就是"一次付款，分期提货"，这种方式为"双 11"当天销售额冲顶立下了汗马功劳。现在，这个方式已经变成了业界常态。

2015 年，我们感到经营有些吃力，于是公司开始推进小组制。小组制是稻盛和夫提出来的，他写过一本书叫《阿米巴经营》。

我认为小组制的原理很简单，就是把大组织切分成小单位，以小组形式存在，各自制定各自的计划，依靠全体成员的智慧和努力来完成目标。小组制的好处是反应速度快，灵活，易聚焦，招之即来，来之能战。

我们刚开始推行小组制的时候，根据产品的特性把产品分成一、二、三段。每一段选择一个组长，组长接到这个任务之后就根据自己的计划提报全年销售额目标。运营策划和设计是支撑组，公司的财务部会帮助他设定这个目标。之后，各组长再测算出全年利润目标，然后自上而下沟通，确定最终销售额及利润目标，实行分阶段考核。

这个方式执行了 2 个月之后就出现问题了。什么问题呢？因为我们在同一个店铺里，设置了不同的小组，每个组长只对自己的产品负责。总会有一些产品是没有流量的，在没有流量的情况下，提升销量就很困难。三段产品都在一个店铺里，流量没法分，客户咨询总是转来转去，体验很不好，而且一段本来客户就少，报活动也上不了，考核难以执行。于是我们做了一些改良。

改良之后的组织架构是这样的，我们的运营、策划、设计是一个支撑的部门，但我们把客服部门独立出来，单独设一个组长。公司把责权利下放给组长，一线的客服可以在面对消费者的时候快速决策，来满足消费者的需求。这样的好处就是把运营职能切分了，从主动部门变成支撑部门，这样的话我们就有更多的精力放在服务更多的消费者上。

这个组织模式大概实行了一年多，整个公司的利润和销售额指标都有了改善，整体业绩提升的同时还带出了很多优秀的人才。

总之，实行小组制，彻底下放权力，推行了"操盘人"模式，最大程度发挥个人能力，共享成果，共担责任。

13.3　操盘人制的概念和成果

操盘人应该怎么选呢？我们有以下两个要求：必须得

有操盘计划书；必须得投资。

例如我现在是天猫旗舰店的项目操盘人，这个项目是完全独立的。公司和我制定全年的考核方案，以销售额和利润为主要考核指标，而在整个经营的过程中都是我全权负责，包括费用的支出，人员的工资，人员的聘用等。这种方式对我来说是一个很好的挑战。

2016 年推行操盘人制的结果，是让公司整体利润翻了一番。因为操盘人的收益与部门利润直接挂钩，他的钱投进去之后，有很大的压力和动力。

那我给公司带来了什么价值呢？2016 年，我负责的整个部门的人力成本下降了 20 万元，推广费用节省 80 万元。双 11 的时候，我们的投入产出比做到了 1：14，品牌曝光量上千万！这个数据是公司 6 年来最高的。

当然操盘人关注的不仅是降低费用，在合理控制支出的过程中提高效率，提高销售额，都是很大的挑战。2016年是奶粉行业波动的一年，整个行业业绩都在下滑，我们也受到了很大的影响，也出现了少许下滑，下滑的原因在这里不多讲了。

我做操盘人之前，我们店铺的销售额构成中活动占60%，我做了操盘人之后，我们的日常销售额占 60%。这

意味着我们不再依赖活动产生销量，而是产生了自我造血
功能。当然，销量上来了之后，那么利润也就上来了。

13.4　消费者运营体系

2017 年，我改变了经营策略，在整个部门推行"消费
者运营体系"，这对我们组织来说是一个极大的挑战。整个
经营的思路不再关注淘宝规则的变化，不再关注流量排名，
而是聚焦在消费者本身。围绕我们一系列的策略和方法，
为消费者提供可感知的惊喜体验。我的想法是通过硬体验、
软体验及本地化服务策略，在精细化分类消费者的基础上
提升目标消费者的体验。

13.4.1　从消费者的评价窥探消费者体验到底好不好

体验好不好，消费者是要表达出来的。在哪里表达呢？
就通过对产品的评价来表达消费者体验。

经过两个半月的尝试，我们取得了一些成绩，我们的
整个组织在转型的过程中做得非常棒。读者可以打开手机

淘宝搜索"御宝天猫旗舰店"，看看我们店铺的评价，再看看同行卖奶粉的评价，我相信你们会有不同的感受。

那我为什么那么重视评价呢？因为淘宝推出了一个手淘问大家功能。这给我带来了启发，淘宝越来越重视消费者的声音，越来越重视消费者与消费者之间的链接。现在淘宝推出了这样的功能就把更多乐于评价的客户聚合在一起，让他们的声音相互传达，相互影响。

我发现，消费者对购买奶粉的评价基本都围绕两点。第一，对奶粉使用后的表达，也就是奶粉质量本身，比如：宝宝喜欢喝，味道不甜等。第二，是对物流及客服的表达，比如谢谢，物流比较快，有耐心等。由此我忽然想到，消费者的这些表达，构成了购买奶粉的原因，商家必须做到这样。

13.4.2 回归本质：消费者最关心的是什么？

通过一段时间的观察，我发现这些评价里是没有包含消费者的感情的。评价几乎都是中性词。而缺少感情的评价是不能有效影响别人的，尤其是对非常重视奶粉的使用感受的那些顾客。所以我们想做一点不同的东西出来，让喜欢我们的人能感受得到。

基于这样的一个思考，我推进了"消费者运营体系"工作，这个讲起来比较复杂，因为不仅涉及模型的搭建，策略的执行，迭代的更新和数据监控的抓取，还包含组织架构的分工以及激励体系等等。

现在淘宝推出的"问大家"，采用邀请制，会邀请那些评分好，店铺回头率高，喜欢评价的消费者，让消费者与消费者之间建立连接，而商家的话语权则逐渐减弱。

以上就是实行"操盘人"制以来，我的思考。另外，我们还推行了"消费者产权模式"，这是母婴行业的变革，我们已初步与蒙牛、雅士利达成战略合作。

最后我想说的是，每一个优秀的企业，都有很长的路要走，过去的成就不代表未来，经营企业就是经营自己，要敢于与过去的自己告别。

本章内容来自日千单电商俱乐部分享交流群之宫正坤的分享。

第14章

靠分销发展一万多家
代理的秘诀

我是杨业义，我在电商领域摸爬滚打好多年了。

我接触电商是在 2006 年，但是我真正开始做电商却是从 2012 年开始的。

我的做法可能跟大家不太一样，除了运营我自己的店铺之外，还主攻分销市场。2012 年、2013 年我就觉得一个人单打独斗，永远打不过一个团队。

14.1 从 400 个分销商做到 10000 多个分销商

我选择了一个母婴产品，刚开始做这个产品的时候有四百个分销商，后来慢慢做到了一万多个分销商。这一万多个分销商是怎么来的呢？

一开始我经常在微信群、YY、QT 等平台给大家做分享，之后大家都愿意与我交流，通过这些交流我了解到这些电商人，除了要把运营做好之外，还有一个烦恼，就是货源。

很多电商人没有自己的一个研发机构，也没有生产能力，都是从外面进货。特别是一些做服装的，做电子产品的，当整个市场缺货的时候，电商的销量就没有保障。而如果进大批的货放在手上，又要冒着积压的风险。

那么为什么要把分销商做一个重点来讲述呢？因为我们的分销商占据我们年销售总额的 56%，也就是说所有的分销商加起来以后比我们自己销售的还要多。

我跟大部分做电商的朋友、老师都交流过，分销商所占的销售比例，超过 30% 的都是极少的，但是我们能把分销商销售额做到了超越自己，这个过程是非常辛苦的。

大家都知道，做分销一定要解决一个关键问题，那就是产品差异化的问题！为什么是差异化的问题？你可以想象一万家店同时在卖同一个企业同一个品牌的产品，客户一搜出来有一万家店在卖这个产品，那客户到底选哪家？对于品牌商来说，客户不管从哪一家买，产品都是我的。但是对于分销商来说，区别就大了？

所以要做出分销商之间的差异！我的做法主要是以下几方面：第一是主图，第二是关键词，第三是页面，第四是上下架的时间，第五就是开直通车。我请了好几个美工，给每一个店铺都设置不同的主图。

每一个店铺的关键词都设置为不一样的，有一些关键词甚至与这个产品的属性是不匹配的。也就是说我们的每个店铺至少都有几个字是不一样的，都存在着差异。

解决了主图差异化的问题，也解决了关键词差异化的问题，那么剩下的就是上下架时间问题。我们采用 7 天 ×24 小时制经营，也就是说我们的一万多个分销商，几乎每一分钟都有产品在上下架，而且都是轮流的。当然，直通车也要 7 天 ×24 小时开。

14.2　从分享开始，听众就是潜在代理

那么，怎么招分销商，怎么管理分销商呢？

其实我的方法很简单，就是做分享和培训。不管是不是我的分销商，我都会给大家做一些分享和培训。

有些分销商一年可以做到上百万、上千万销量，但是也有些分销商是刚刚从学校毕业的，或者刚涉及电商的。那我们就会把他们引导入门，让他从什么都不会，发展到样样精通，我们会无私地把自己的运营经验分享给他们。

我们当时有一个理念，就是让大家跟着我们学，跟着我们赚钱，已有产品的就去卖你的产品，按我们传授的运营经验去做，没产品的你就可以分享我的产品，不一定是我的分销商才可以听我的课，听我的分享。这样子做就会引来很多志同道合的人，如果大家按你的方法确实赚到了钱，那么他对你的信任感自然就增加了。

信任感增加以后，你卖什么东西，你的品牌新出了什么产品，他就会跟着卖什么产品，就会慢慢地成为你的分销商。

举个例子，有一个 90 后，以前是在 4S 店卖车的。

他是我一个朋友的儿子，刚好想学做电商，就找到我。他只有几万元启动资金。他做电商以后，从入门到完全独立，差不多用了不到一年的时间。之后他自立门户，找了一个很独特的产品，客单价很高，平均在一千元左右。这类产品竞争不激烈，利润很高。卖两千元的价格，可以赚一千元，而且大多是批量采购，规模相当可观。

14.3　分析分销商的心理

要做好分销业务，一定要把你所知道的东西无私地分享。同时也要在定价的时候给分销商留有足够的空间。为什么呢？你可以把分销商代理商看成是客户去分析，客户为什么要买这个产品，你的产品的客户群体是哪一些，要站到这个角度去分析。

就像我们做页面一样，我们的用户群是谁？客户购买这些产品的时候心理是怎样的？如何抓住用户的心理促使他们购买产品？我们做分销业务的时候，也是在分析这些分销商的心理，他们为什么卖你的产品？为什么跟着你赚钱，跟着你做电商？

想要做好分销业务，一开始就把代理人当成我的代理商，已经是我的分销商，已经是我的潜在的客户。让他看到我们的实力，我们有天猫店、唯品会，还有京东全球购，我们自己的店铺只占总销售额的 44%，另外 56% 来自分销商。分销商给我们创造的价值一年将近两亿元。当他们听到这些数据以后，就会更愿意成为我们的一员。

总之，在分销领域，首先要让代理人认同你运营的模式，愿意跟着你做。其次你要解决一些差异化的问题，还要解决分销商所顾虑的其他问题。最后是本质，品牌很重要，但是代理人最关心的是赚钱的机会，如果他很难赚到钱，再大的品牌，他都不会跟着你。

14.4　用价格体系和价格政策管理分销商

马涛老师：感谢杨业义的精彩分享，接下来问几个问题。第一个问题，你有多少种产品？

杨业义：我的产品不超过 60 种，主推产品只有十几种。

马涛老师：第二个问题是价格，自营占了44%，分销商占了56%，商品是以同一个价格销售吗？控价是如何做到的，你管理这么多代理商使用分销系统了吗？

杨业义：我没有用淘宝那套分销系统。如果用的话就不容易管理了，这个系统有一些弊端，第一是只允许不超过四百个分销商，第二就是对价格管控太死，没办法给客服留一些空间。

我们用的是QT来集中管理，这里面的人全是我们的分销商，没有用其他的软件系统。

马涛老师：那你刚才说的这个上下架时间，每一分钟都有新产品上架，这种从实际的效益来说，每个产品都有流量吗？按照你这种上下架的规律，而且直通车也是按照这种规律的话，如果有的卖家愿意投的时间长一些，这怎么给他们分配呢？

杨业义：不是每个产品都会有这种模式，我们会根据主推的几款产品，去安排上下架。有些产品慢慢地往后排的，我们就靠它的自然流量销售。

至于直通车，如果代理商想全时段推，多推广一些时间没关系。但是有一点，你代理商要自己承担推广的成本，品牌商提供的推广补贴是有标准的。

14.5　没有销量的分销商如何处理

马涛老师：你有一万个代理商，虽然很多，但是好像每天都在出货的并不是很多。可不可以理解为也有一些僵尸代理，他虽然还在做你的代理，产品也挂在店铺里，但是并没有销量。

杨业义：这样的情况是有的。比如有些学生代理，他的时间没那么方便，我们的客服会定时与他们联系，如果不能胜任就会把他清退。连续几个月没有业绩的，也会把他先清掉，因为我要保证这个店的整体销量，我要考虑其他正在做的这些代理商的感受。

14.6　价格政策、管控、代理的利润空间

马涛老师：你能在价格政策和利润空间方面说得详细些吗？

杨业义：价格方面，我们有一个标准的价格。但是在

你卖的时候，我们允许有一定幅度的价格浮动。有些产品可浮动十元，有些产品可浮动五元，有些是二十元。

马涛老师：按这个价格政策，有5～20元的浮动空间，那么会不会让人感觉，这个产品价格都不一样，代理商是在乱价。你这客单价是多少啊？平均是几十还是几百？

杨业义：客单价平均在一百元左右。一百元钱的产品最多就是10%，大概在十元钱左右的一个浮动幅度。五元、十元的这种幅度，不会让人感觉价格差异太大，而且我的关键词和主图都不一样，所以没有可比性。

但是实际这个关系不大，因为大家买东西的时候，几块钱的差价是不会在意太多的，关键是要让客户看到你的产品进你的店，这才是最重要的。就像你在实体店买东西一样，看到真正喜欢的东西的时候，你不会去计较这几块钱。

在利润空间方面，就跟我现在管理员工一样，我开公司我只占51%股权。也就是这款产品的利润，我只拿一半，另外一半全部给代理商。代理的利润空间是要留足的，甚至有个别产品70%都是给代理商的。我始终坚持这一点，他赚到了钱以后，我们才能赚钱，我这里有足够的利润空间，他赚钱快，那他为什么不给我推广呢。

14.7　招募代理及团队分工

马涛老师：大家现在还是比较想知道，你究竟怎么招到那么多代理的？主动出击一个一个店铺去问的，还是他们来主动找到你的，你做了怎样的宣传呢？

杨业义：现在我们专门招代理商的团队差不多有 20人。这 20 个人里面，有五六个是作图的，剩下就是业务员。业务员干什么呢？第一，要一个店铺一个店铺找老板或者负责人聊，通过一些工具来抓取这个店铺的数据，抓取这个店铺负责人的联系方式。第二，抓渠道找运营谈。我们有几个方案，一是你把我的产品上传，我们按照分销来管理。第二个方案更简单，你只要给我一个子账号，我来负责上传产品，只要有这个产品的客户你就推送过来，我这边的客服人员接手，利润的分成大家一起讨论。

第三就是广撒网。我们去分享，去上课，告诉别人怎么运营，怎么推广，大家都是义务给别人讲课，告诉别人怎么做，怎么说，最终发展成代理。主要就是通过这几种手段。

本章内容来自日千单电商俱乐部分享交流群之杨业义的分享。

第15章

把握爆款风口，精通运营供应链

　　本章由洪小松来介绍他在供应链方面的一些心得体会。前面的章节我们都是站在运营的角度去讲怎么把产品卖好，今天我们切换一下视角，从供应链的角度来讲。

　　洪小松是开工厂做供应链的，也就说他的产品都是交给我们这些做电商的人来销售的。洪小松的产品很多都是爆款，我们知道一个爆款就可能养活一家工厂，那他的产品有很多爆款，而且每次都能看准风口，每次都能够抓住市场的趋势，一定有他与众不同之处。

15.1 这家工厂为什么总能生产爆款产品

洪小松：大家好，我是洪小松，也不是说我每次都能打造爆款，只是相对来说成功概率会高一些吧。

我觉得要做到这点，是因为我们进入了一个相对小众的品类，然后在这个品类里再深入地挖掘。

当然，深入挖掘是离不开自己对所在类目的分析，对市场的洞悉以及对行业品类的预估。

马老师：能介绍一下你是怎么分析，怎么预估的吗？平常都是用哪些工具，哪些软件？

洪小松：我没有用什么特殊的数据，也没有什么特殊的软件，主要靠自己平时的信息积累和判断。

如果非要讲一些经验的话，那就是通过淘宝和京东的盘面结合自己平时所接触到的信息，进行综合分析判断。

我们是做笔记本电脑的，三年前，有一款抽风式笔记本电脑推出，量非常小，但是散热效果要比普通产品好很多。我们做了一些分析，如果既有这么好的散热效果，还能给游戏玩家带来更好的游戏体验，那会不会更好呢？如果我们专门针对这种游戏玩家设计一款笔记本，那这款产品就有可能会畅销。

手机和电脑周边的竞技类、游戏类产品近些年都很畅销，而笔记本电脑的外观设计以往是没有添加游戏元素、游戏风格的。于是，我们就开发了一款具有浓厚游戏风格，外观很炫酷的笔记本电脑，刚好也赶上了这一波游戏风潮。

今年我在去年的基础上，早早做了一些准备工作，也就是说，在别人来模仿或者复制我的产品之前，我又有了一些新的技术储备，而价格保持不变，这样我就可以立于不败之地。

我们很庆幸自己刚好处在一个小品类中，然后在这个小品类里，我们又很拼命很聚焦地向深度开发，尽可能开发出一些有差异化的产品出来，而这个产品又比较受欢迎。

马老师：洪总刚才讲到了他的创新，他在一款产品已经开发了新功能的基础上，再次开发。你每次开发的新产品是要提前研发的，需要提前多久呢？

洪小松：我们这个品类的特点就是一过完春节，市场需求就开始暴涨，大概在七月底、八月初就开始急速下降。我们一般开发新品都在七月份，最早是在五、六月份就开始的，基本上在年底就开发完成，要么在寒假前开始上架，要么在过完年以后就开始上架。

15.2　微创新与知识产权

洪小松：关于创新，我有两点理解。第一，我觉得创新对于我们这种小工厂、小企业、小品牌来说，可能无法在核心技术层面创新，适合我们的更多是一些微创新，比如在外观、颜色、味道、配饰等方面创新。当然，如果你的团队有能力开发出核心功能的创新或者颠覆性的技术，那肯定会更不得了。

马老师：说到微创新，大家现在越来越重视保护知识产权，那么你有没有在知识产权方面受过伤害？

洪小松：四五年前我们出了一款产品，算是我们在做笔记本的历程上的第一款爆款。我们这款产品的特点就是薄、精致。这惊动了当时这个类目下一家历史悠久的工厂，他们也看到了我们这种新生品牌和产品力，于是想压制我们，也曾起诉过我们，只是后面他们没有证据，也就撤诉了。

在知识产权这一方面，无非就是三个层面，第一商标，第二外观，第三是使用权。

在商标方面，大家基本上都会去规避。在外观方面，只要你不是刻意去复制别人的产品外观，基本上是可以规避的。最主要的就是使用权专利，因为有些我们开发功能虽然看上去跟别人的不一样，但还是落入了别人的专利保护范围之内，所以这一点是需要重视的。我们现在的做法是，在产品开发之前，会请律师先帮我们过滤一下，评估一下我们这样做有没有问题。

15.3　产品火爆，如何选择销售伙伴?

马老师：我想知道作为供应商，洪总选择运营伙伴的条件和标准是什么，你对帮你卖货的人的要求是什么?

洪小松：我选择合作伙伴的条件，首先要有足够的诚意和资本，能够与我们做深度的配合，能够与我们共进退。不能与我们共进退的，即使运营能力再强我们也不要。

马老师：访谈到此，我非常深刻的一个感受就是：不懂运营的供应商供应链，是很难做出爆款的。常常能做出爆款的供应商，一定是懂运营的。

据我了解，他们不只是在产品研发上每次都能够走在前列，在营销方式以及对于运营者、合作伙伴的选择上，他们也做得比别人多。举个例子，前段时间我去洪总的工厂参观，他现在拍广告片、视频用的是三维动画，这种动画比较贵，一般的供应商或者厂家可能不愿意出这笔钱或者是改由运营商来出这笔钱。

洪小松：马老师刚才拿做视频的事举例子，我认为作为品牌商，我们要懂得如何把自己的产品包装得更好，更完美，更符合客户的需求，这样宣传资料才能让产品更吸引人。

而无论详情页还是产品宣传视频，只有供应商做的，所有的客户才都可以用；如果这个视频是某个店铺做的，那他肯定不会让其他店铺用的。

那如何做好客户关系的管理呢，就是要做好客户的分类。我会把客户分为核心客户和普通客户，然后再在核心客户中挑出三五个核心中的核心客户，每天不定时和他们沟通。

只要你把这三五个核心中的核心客户把握好了，其他的问题就都无妨了，因为这三五个客户可能已经占到了50%～60%以上的销量了。

马老师：你刚才讲到了你选运营商的标准就是能跟你共进退，这个怎么理解"共进退"这三个字，能举一下具体的例子吗?

洪小松：我的要求是两点，第一是这个客户必须是有实力的，第二才是共进退，如果说这个客户没有实力，就算能跟我共进退也没用，他带不动我。

比如说前期推广的时候，资金必须跟得上，说不定大家都会亏钱，店铺可能要投进去几十万元，我也得投进去几十万元，那么上百万元就砸进去了。当遇到竞争对手的时候，或者前面这一百万元砸完以后，大家还愿不愿意继续投钱去与对手竞争。如果这一百万砸下去以后没达到预期效果，刚好又遇到强有力的竞争对手，这时你不愿意继续投钱了，这是不行的。

马老师：你用了一个词叫有实力，那有实力是什么概念呢？你的客户要有实力到什么程度呢？

洪小松：就是说店铺或者运营公司必须是有足够的能力的，只要我的产品没问题，你要能够把我这个产品做到类目数一数二的位置。这就要求店铺的团队水平、技术能力以及店铺的资金都能跟得上。

我们曾遇到过客户烧直通车一天就一两万元烧进去的，一个月烧下来就五六十万元。如果这个店铺实力不够，那接下来就很难实施后续的操作了。

15.4 创新需求哪里来？

洪小松：当你与三五个最核心的客户形成战略合作以后，你后续的产品开发也就没那么复杂了，为什么呢？因为客户也需要新产品，他们每天接触市场的最新信息并推送给我们，我们接收到这些信息以后，再结合自己对品类产品的理解和对市场的预判，设计出一款有差异化，并且有受众的新产品。

马老师：我现在的问题是，合作伙伴愿意跟你共进退，但你如何保障他们能赚钱呢？比如说，你这个产品是只给他一家卖，还是同时有几家在卖呢？他敢于投资运营，但是等到收获的时候，如何保障胜利的果实都是属于他的？

洪小松：我们现在的做法是这样的：当一款新品出来以后，如果是依据某位客户推送的信息而研发出来的，或者是某位客户直接让我去开发的。那在产品还没上市之前，我就会通知这位客户产品已经研发完毕，然后我们进行商讨，如果各方面达成一致，那这款产品就由这位客户来主推，如果谈不拢，我们再去找其他客户。

我们基本上是以一个客户为主推，给他十天或半个月的主推期，在这段时间之内他会想尽一切办法把产品做起来，当他做起来了以后，我们再鼓励其他客户一起卖。红花还需要绿叶衬托，让消费者左左右右都能看得到这款产品的话，对主推客户来说也不是什么坏事，当然我们要对其他客户控价，不能让他们低于主推客户的价格。

马涛老师：其他客户不能以低于主推客户的价格卖，那么你给他们的供货价是一样的吗？最后一个问题是：你作为供应商，未来会一直采用这种合作模式呢，还是自己也要发展自己的运营部门呢？

洪小松：供货价肯定不一样，不可能让一个大客户跟一个小客户的价格一样，这样是不合理的。所以在价格上是要向大客户大幅度倾斜的，因为你这款产品卖得好不好，90%取决于这个主推客户。

最后这个问题只能说我们还在摸索当中，也不敢下结论，但目前我们95%以上的产品都是靠客户在卖。一个人的时间跟精力确实都是有限的，把生产这方面做得很好，并不一定比自己开店铺做销售获利少，所以目前我们还是以客户为主。

本章内容来自日千单电商俱乐部分享交流群之洪小松的分享。

第五篇

转型

　　一般经营状况良好的企业是不需要转型的。但凡需要转型，都是因为经营状况不太理想。而不理想的原因就多了，有主观原因，也有客观原因。像澳大利亚代购，本来做得不错，跨境电商突然放开了，代购行业就要重新洗牌，从业人员也要转型。当然，也有的电商意识到，虽然过手的资金很多，但是最终没给自己剩下什么，反思之后，发现这是因为客户没有掌握在自己手里，于是就要主动寻求转型。

第16章

跨境电商冲击下传统代购如何转型

　　本章案例所讲的转型，是做代购的卖家群体中的一个典型代表，他们因抓住了网络机遇而兴起，又因政策变化和强势竞争对手而被迫转型，与其他代购者不同的是，他的转型更加特别一些：

16.1　澳大利亚代购的兴起与被迫转型的历程

　　我简单介绍一下自己，我在 2001 年移民到澳大利亚，然后做了这个澳大利亚代购的小生意。

我是读法律出身的，从来没做过生意也没有做过淘宝，后来移民之后也没有去找工作，因为当时比较流行做代购，于是就做起了代购。

其实代购这个行业很久以前就有，但是直到互联网普及之后，才进入了发展高峰期。2011 年是代购高峰，那时候很多留学生放弃了接送机、餐厅侍应等兼职工作，开始代购奶粉。原因很简单，他们卖一箱奶粉的利润，就已经超过一周的兼职薪水。但是，这都是过去的事情了，任何行业只要有利润，大量竞争者就会进入这个行业。由于利润丰厚，天猫国际和京东跨境电商这些巨头就开始组织招商引资。后来还发展出了一些专业的专门做跨境电商的网站，这些对传统代购的冲击是巨大的。

一个标志性事件，就是当京东宣布在澳大利亚设分公司，开始进行奶粉直营，这个对代购业务影响最大。影响的主要方面是价格，他们直接入股一些奶粉的厂家，拿到最低价的奶粉。第二他们拥有物流优势，他们采用保税仓备货的方式，可以让客户 3~5 天内到拿到货，而我们普通代购用直邮一般需要两个礼拜左右。

在过去代购利润很高的时候，我的淘宝店有四个皇冠。

我曾以为自己能力很强，其实只是刚好遇到风口。我非常认同那句话"时来天地皆同力，运去英雄不自由"。

16. 2 《淘营销》对我的影响

我刚开始对淘宝完全不懂，我在淘宝寻找相关书籍时，看到马涛老师自己的淘宝店有一本《淘营销》。老实说他的淘宝店页面做得很简陋，但是我看完他的宝贝描述以后，我就下单买下那本书。后来我在做澳洲代购时，遇到问题就停下来，我就是看《淘营销》这本书。

马涛老师的理论对我的影响是非常深远的，比如鱼塘理论，爆款理论，切蛋糕、切细分市场理论，切丰厚利润等，当时对我的启发性非常大。

当时做代购的人不多，而且主要看代购者本身的信誉。代购奶粉的客户最关心奶粉真假的问题，当时我首创了"防调包贴"，还拍了一些相关的视频向大家讲解防调包贴技术如何保障奶粉的安全。

后来我还有一些比较独特的措施，例如在包裹里面夹一些澳大利亚本地报纸，定期做一些采购的视频，这些元素构成了我的网店早期的核心竞争力，也就如马涛老师所说，要做出差异化，抓住核心的卖点。

我们还努力把自己包装得像一个网红，当然，那时还没有网红这个概念。当时也正好遇到了微博这个新媒体的兴起，让我们可以利用微播提升自己的影响力。但是，我现在还在反思这个问题，像这种"走心"的模式固然可以赢得消费者的信任，但这条路走下去比较累，很难持续下去。现在的网红也会遇到这样的问题，因为你并没有那么多的内容可以天天分享。

经过了丰厚利润的初期阶段之后，我放弃了网红式经营。因为有了原始的资本积累，我们开始大批量进货，压低了进货价，再把销售价格压到最低，再依靠老客户口碑传播，这个模式就兴旺了起来。

16.3 运用"长尾效应"应对跨境电商的冲击

我们最近的发展方向是由现在的形势应运而生的，因为电商巨头们已经把我们包围，我们几乎无生意可做。它们的价格优势、规模效应、用户积累、团队能力、资本等方面的优势，是我们无法比拟的。

后来，在一个偶然机会下，我接触到《长尾效应》这本书，从中找到了一些机会。

图 16-1 就是长尾理论的一个核心。其实很简单，在我们创业早期，我们大部分的利润来自于少量的爆款。这也是我们当初经营的思路，把精力集中在 50 个爆款里面，不断宣传，给我们带来了大部分利润。

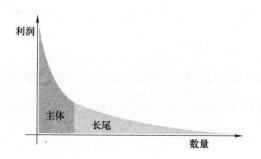

图 16-1　长尾理论模型

但是当这些爆款都被更有优势的电商巨头占据之后，我们该何去何从呢？我分析了一下，这种电商巨头即使在澳大利亚开设分公司，也不会去做一些受众面较小的产品的代购工作。现在我淘宝店上架了一万多种产品，凡是澳大利亚有得卖的，我的店都在卖。一些细小琐碎的产品，我都可以帮国内的同胞代购。

这样一来，我的销量页面就会拉得很长，这些就是图16-1 中的长尾部分。它的道理就是，你只要把尾巴不断地拉长，其实长尾部分的销量加起来与前面的爆款产品是一样的。

这个理论就是告诉我们，在互联网时代，如果你有一些条件符合的话，其实是可以做长尾的。

当然了，虽然这个理论我认为很完美，但是要具体实施的话还是有很多客观条件限制的。想要实施长尾理论，必须符合几个条件，第一个就是搜索引擎要非常好用，假如我放了一万种商品东西在淘宝上，却没有搜索引擎，客户需要一页页地翻找想要的商品，肯定不可行。第二个就是要分类准确。第三，你要维持较低的上架成本，如果每一种商品都当爆款制作宝贝描述，这成本就太高了。

在后来的半年时间里，我又受到另外一本叫《免费》的书的影响，它的核心理论就是免费让用户尝试某项产品，然后在其他的项目上取得利润。其实我移民最初的想法是方便孩子买奶粉，那我干脆就把奶粉做成零利润，就相当于书中的那个免费的概念。

很多人质疑我们，如果没利润你怎么生存下去。其实我当时也没考虑那么多，直接就去实践了。开始免费之后，很多的买家非常感谢我们，他们也增加了在我们店铺购买的次数和关联销售。我发现这个免费奶粉代购的举措，会带来一些正面的效果，包括增加了客单价，提高了成交率。虽然单品利润少了，但是总利润是增加的，这是一个事实。

图 16-2 是澳大利亚九号电视台访问我的视频截图，他们之所以访问我，是因为我做免费奶粉代购、防调包的事，被新浪微博驻澳大利亚分部的人了解到，而我在当地代购行业也有一定知名度，于是对我进行了采访。

图 16-2

16.4　长尾理论把我从淘宝卖家、代购人变成了 IT 工作者

马涛老师：现在看来，你践行长尾理论的举措，应该是成功了。但是，当时你曾说过赔到 100 万元，就撑不住了，请把那段经历分享一下。

小蔡：这个问题非常好，简直提到我的心坎上。这个长尾理论的实践，准确来说算不上成功，但要说失败我也是否认的。

长尾理论实践起来是很困难的。刚开始，我从一个代购人，变成了做 IT 工作者。因为我必须每分每秒同步更新澳大利亚的价格，留意他们产品的上下架情况，库存的数量。如果没做好这些，我的损失将会很大。所以我基本上都是在和电脑、软件、互联网打交道，在这方面研究了差不多一年了，我开发了大量的软件和工具去辅助实施长尾理论。

每天有很多零散的订单，不再像以前一样一种奶粉要采购一万罐，现在是这个要一些，那个要一些，那就需要

用相关的软件去采购。这些软件从头到尾自己设计，找人实现，做出来以后还会不断出错，还需要调试。这个过程想起来有点后怕，现在让我重复一遍，我都感到力不从心。

为什么我说还没成功呢，因为后来我还遇到很多波折，最大的困难还是出在淘宝上。淘宝要在美国上市，要正规化、国际化，所以产生了大量的规范和审查的机制，这让我们非常头痛，因为我们现在有上万种产品在售。

淘宝每天不停地下架我的产品，说我侵犯知识产权，说我标题不规范，说我分类错误等。以前淘宝在这方面管理是很松的。但我们根本不存在知识产权的问题，我们是代购，我用到的图片都是为了代购，而不是滥用它，这并不违法。问题是淘宝的机制目前还不完善，他不管这些先给你下架。因为这个问题，我请了两个人专门维护这个事情，然而淘宝还是隔三岔五就给我的店铺屏蔽七天，让我非常头痛。

到目前为止，我没有亏100万元，但也没怎么赚到钱，就是打了一个平手。

16.5 客户要不要加微信，有不同意见

马涛老师：你不肯加客户到微信上，担心客服难以管理，还有资金安全的问题。现在这种想法有没有改变？现在是怎么做的？

小蔡：我当时说不能在微信里面做营销，不能在微信上面交易。是因为像我们这种流量，需要开很多个微信，而让客服人员去收钱是很难管理的，这个观点到现在还是没有改变。

我认为由人来收钱是很不可靠的，也是很不稳定的。某客服今天做得不错没有失误，但可能明天状态不好就会做错。像微信收钱经常会收错，例如某客户要 100 元的产品 10 件，如果不小心倒过来了，做成了 10 元的产品 100件，那么带来的经济损失非常可观的。

我还是比较信任一套系统，不要人工干预太多，所有的人工操作都要很多道审查，这也是很大的成本。甚至会滋生一些腐败的问题，严重的时候简直不可想象。

所以，如果涉及的交易资金不是太大的话，我还是坚

持用淘宝、京东这种专业的交易平台。我买了一套客转粉系统，有十五台手机做微信营销，把以前的老客户加到微信，但是我只宣传不交易。

本章内容来自日千单电商俱乐部分享交流群之小蔡的分享。

第17章

从个人到企业再到多方合作的转型

本章案例中所述的转型，是借助电商思维和经验，由电商学生到创业老板的身份转型，其运用的手法和智慧值得我们借鉴，如图17-1所示。

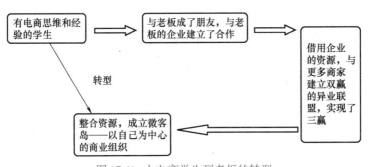

图17-1　由电商学生到老板的转型

17.1 一份简历吸引很多老板

大学时期我就非常喜欢互联网，后来慢慢地接触了电商。那时候是 2011 年，我还在上学。自己就开了一些淘宝店，做得还不错，订单也不少，学杂费、生活费都是我自己赚的，还攒了一笔小钱，更重要的是积累了一些经验和培养了电商思维。

毕业之后我来到了一个三线城市，没有任何朋友，完完全全一个陌生的环境。这个城市的电商发展不是很快，很多企业还是非常传统的，在电商方面的人才也非常的稀缺。于是，我用心写了一份个人简历，把个人以往的一些经验全部写出来，说明我能够给企业带去什么价值，然后发到了各大招聘网站上去。

我的目的很简单，就是想通过这份简历吸引更多的企业关注我。因为在这样的城市里，很多传统企业已经意识到需要一些电商方面的人才了。我没有打算去这些企业就职，因为我的目的是最终见到老板。如我所愿，最终见到了很多的老板，现在这些老板里面很多成了我的朋友。因为我们在聊的时候，我说我不是来工作的，我是来寻求合作的。

就这样，我接手了一个企业，是一家儿童游乐园，特别大。在当地一家非常大的商场里，它占了这个商场的一层楼，将近 4000 平方米。

这家游乐园的名字叫比特王国，是一个儿童职业体验馆，当时刚刚开张时间不长，需要大量的人脉和客源，我就设计了一个方案。比特王国大场馆里面分 20 多个小场馆。那么我要求拿出一个场馆，给我提供了 5000 张免费门票。我拿着 5000 张门票，找到了 50 个商家，而这 50 个商家我主要选择的是销售儿童衣服或者鞋子一类的，和儿童市场有关的。我和这 50 个商家说我可以帮助你们吸引到更多的客源，方式就是我送给每个商家 100 张儿童体验馆门票，而商家通过这些门票吸引消费。

这样，商家就非常乐意合作。因为他们觉得免费送票，可以为他们吸引到客流量。然后我又向儿童职业体验馆申请到低价门票，全馆门票定价是 160 元，而我当时拿到 70 元，对场馆来说，多一个人买票，总成本就会降低一些。

这些低价门票，我也同样的给了这 50 个商家。当孩子们在商家那里得到免费门票，到比特王国指定馆玩过之后，很可能想继续玩其他的馆。如果在比特王国前台购买需要花 160 元，我申请来的低价门票是 70 元，我给这些商家的价格是 80 元，而商家统一价格是 110 元，商家也可从中赚到一笔费用。所以商家非常愿意合作，不但愿意发免费票，而且非常愿意销售收费的全馆门票。

就这样，我通过这样的方式为比特王国吸引了大量的客流。在帮助销售门票过程中，我只挣了一点儿差价，但当时销量非常高，每个商家每个月最少能够销售 50 张门票。而我当时每个月能拿到将近两万到三万元，对于我一个刚刚开始创业的人来说，确实是非常不错的了。

17.2　依靠成功案例、资源和人脉成立微客岛

我帮助这个比特王国吸引了大量的客流，也让自己赚到了一笔资金。因为这样的合作，我也收获了很多的资源，尤其是人脉资源。在整个活动过程当中，我也受到了这 50 个商家的信赖，他们也经常会把一些活动的方案交给我去做。后来我就考虑成立一个我自己的圈子，于是就有了现在的微客岛。

成立微客岛的想法非常简单。通过前期获得的这些人脉资源，我们就把圈子初步建立起来了。因为当时本地做微信、微博的，很多人都是分散在自己家里利用业余时间去做的。但他们手里有大量的流量资源，后来我通过朋友介绍进入了很多圈子，认识了很多这方面的人才。于是我就把这方面的人才吸引过来，加入了微客岛。

17.3　联合企业、学校实现三赢

　　微客岛的运营采用"三三制"原则。就是把生产企业、学校和我们的微信资源三方共同合作。由企业生产合格的产品。微客岛团队负责考察市场，并提供电商方面和媒体宣传方面的支持。学校负责培养学生掌握推广技能，帮助学生创业。我们也会尽量把推广技术教给这些学生，让学生去不断复制我们的推广经验。

　　这种合作方式下，学生可以在学校就创业，高就业率、也让学校后来的招生变得更顺利。而我们就把所有的心思放在研究市场推广技术方面，去收集更多的营销资源。生产企业则更用心地把产品研发好，我们三方的合作最终做出来的效果是非常不错的。

17.4 想拍《夫子的淘宝梦》那样的微电影

后来，我们在学习技术的过程中认识了马涛老师。其实很早以前我就看过他拍摄的《夫子的淘宝梦》那部微电影。这部微电影对我的触动是非常大的，我把这个事情放在了心里，一直也想自己拍一部微电影。

后来，我就和马涛老师建立了联系，说了自己的想法，马涛老师对我的想法也非常的支持。我也是一直在考虑如何把这个电影做出来，也是想把这部微电影作为我们宣传的一个新渠道。

我们采用资源置换的方式来开展合作。邀请了很多当地自媒体来客串一些角色，并把他的自媒体的账号、自身的品牌，放到我们这个微电影的后端去，目的是想让这些自媒体后期也可以为我们宣传和推广。

　　这个微电影项目我们现在还在筹备。因为微电影投资的成本并不是很高，其实找一个企业就完全可以赞助。我们是想让更多的自媒体人士，用自己的宣传资源，来置换影片里的一些角色和植入广告，从而使影片能够有更高的传播度。

　　本章内容来自日千单电商俱乐部分享交流群之郑泽龙的分享。

第18章

西部开发：电商企业地域性转型的完美契机

　　青海省的电商行业刚刚起步，虽然有政府推出的各项扶持政策，但各个电商企业都还面临很多问题。一个一直不瘟不火的旅游景点，突然间就爆红了。深究其原因，正是互联网的推广和网络的宣传，使这远在青海的茶卡盐湖红遍全国。我们认为西部地区拥有丰富的物产资源和政策支持，是电商企业转型的契机，如图18-1所示。

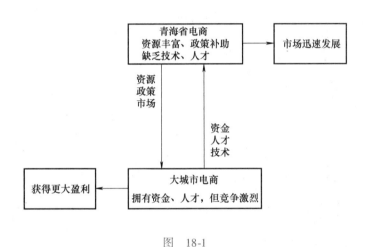

图　18-1

18.1　起步期市场一触即发

我叫王元福，来自青海省。青海省的电子商务实际上存在一个非常大的问题，这跟青海省的省情还是有非常大的关系。

青海省地处我国西部，平均海拔 3000 米以上，面积 72

万平方公里，而人口只有 598 万。而这 598 万人口里有 280 万是农牧民，虽然西宁市的常住人口是 200 万，但真正意义上的城市人口是没有那么多的。所以青海省电子商务的发展，人口资源是非常大的制约因素。

2017 年 3 月，受青海省发改委的邀请，我代表电子商务协会，参加了由青海省发改委发起的一场关于青海省民营企业发展问题的会议。青海省这样一个基础比较薄弱的省，它的经济发展压力很大。与会的各领域企业的负责人都在提各种各样的困难：有缺资金的，有缺人才的，有的需要政府解决，有的需要政府对接资源，但是没有一个企业提到自身的问题。

有一个背景要说明，青海省的企业受到政府的关照比较多，就是在青海做企业，政府有各种各样的政策支持。有一些政策力度真的是让其他省市，尤其是沿海省市的企业非常羡慕。

在这次发改委的会议上，我是最后一个发言的。其他企业所提及的资金问题、人才问题等，实际上每一个企业都存在。当时我说，我们青海的企业首先要拥抱互联网，拥抱电商，然后通过互联网和电商去解决我们自身人才、资金的问题。如果真正能把电商跟互联网做好的话，我想很多企业面临的问题都会迎刃而解。

18.2　茶卡盐湖爆红始末

这里我想举一个很简单的例子，2015 年青海有一个特别特别小的景点一下子爆红了，就是茶卡盐湖。茶卡盐湖之前是一个名不见经传的小地方，但是 2015 年上百万游客打破了这个小地方的宁静。随后政府介入，企业进驻，开始对茶卡盐湖进行重新开发。

为什么茶卡盐湖一下子爆红呢？就是因为有一个"天空之镜"的网络宣传专题，通过照片和视频上传到互联网，再通过各种网络渠道的转发传播，于是就火了。我很多外地的同学朋友都会问我，茶卡盐湖怎么走？茶卡盐湖好玩不好玩？然后就一到青海就会到茶卡盐湖去。所以这是一个很有意思的事情。通过这件事我们意识到其实青海有很大的潜力值得去开发。

茶卡盐湖火爆的真正原因是利用互联网的推广，尤其是自媒体的兴起，让大家不断地在自己的朋友圈里转发相关信息，就一下子引爆了关注，这是一个非常有意思的营销事件。

　　除了茶卡盐湖青海还有很多非常棒的特产，像冬虫夏草、枸杞等。但时至今日，很少能在电视上看到关于青海特产的广告，也很少有人在网上购买青海的特产。既然青海有很好的产品，那我们能不能借鉴茶卡盐湖的爆红经验，去推广我们的产品呢？

　　我每天都在思考，也跟很多青海企业界的朋友以及一些政府官员通过各种各样的机会去探讨。我投资了一个店铺，实际上并不是因为我看中了某一款产品，而是我看到了青海省的整体资源，还有一些非常走俏的小众产品，激发了我很多灵感。

18.3　卖青海产品最好的都是外地人

　　其实青海也有很多做电商的人，但是大家的日子都不好过，普遍存在一些技术层面上的问题。就拿我们目前准备要做的枸杞类目来讲，我们分析了一个数据，类目的前二十五名，只有一个是青海本地人的企业，其他的全是外省企业。外省企业在做着青海省的生意，而且做得特别好，这让我们在青海省做企业的人非常汗颜。

我们经过几天讨论之后决定从电商入手，从大家都认为现在不太好做的淘宝、天猫、京东入手，重新打造青海省的特色产业。

18.4 邀请省内外的人才去西部淘金

我们在电商领域才刚刚起步，做的也不是太好，之所以讲这么多，还是想通过这样一种方式，呼吁更多的人关注像我们青海一样的西部地区的电商事业。

现在企业都在谈转型、升级。因为青海省的企业特别是当地的一些做特色资源加工、深加工的企业，需要的更多的是升级。我认为非常好的路径就是通过互联网，通过电商去实现。而运营与技术层面的问题，我们可以通过不断的合作、学习解决。像青海省，本身就拥有着非常丰富的资源，只需要适当引导，一定能爆发出无比强大的能量，创造出意想不到的巨大财富。茶卡盐湖的爆红就是非常好的例证，而我也相信，这也只是青海发展的一个小小排头兵，后面还有一整支部队枕戈待旦。

所以我非常诚恳地邀请大家，有时间来青海走走看看，坐下来聊一聊美好的事情。谢谢大家。

　　本章内容来自日千单电商俱乐部分享交流群之王元福的分享。